Viaje al despertar y a la conciencia superior

Jane Kim Yu

Viaje al despertar y a la conciencia superior

Derechos de autor © 2023 Jane Kim Yu

Todos los derechos reservados.

Este libro tiene fines exclusivamente educativos y no pretende sustituir el consejo mental o médico de los facultativos. El lector debe consultar regularmente a un médico o profesional de la salud mental en asuntos relacionados con su salud y, en particular, con respecto a cualquier síntoma que pueda requerir diagnóstico o atención médica o con un profesional de la salud mental. Queda prohibida la reproducción total o parcial de este libro por cualquier medio electrónico o mecánico, incluidos los sistemas de almacenamiento y recuperación de información, sin el permiso por escrito del editor, excepto por parte de un crítico que podrá citar breves pasajes en una reseña.Para obtener permisos, contactar con Jane Kim Yu en: https://www.janekimyu.com.

Edición: Editorial Absolute Author

Editora: Dra. Melissa Caudle

Formateadora: Sherri Marteney

Diseño de portada: Rebecacovers

(Paperback) Libro de tapa blanda ISBN: 978-1-64953-940-3

(Hardback) Libro de tapa dura ISBN: 978-1-64953-942-7

(eBook) Edición electrónica ISBN: 978-1-64953-941-0

Impreso en los Estados Unidos de Norteamérica

Dedicatoria

A todos los que están en camino.

Ya están en casa.

Agradecimientos

Ha sido el sueño de mi vida escribir un libro. Escribir para mí ha sido y es una verdadera pasión y un amor de toda la vida, de esos que te queman en el alma y te calientan por completo todos los días de tu vida y más. Este amor me ha sostenido, me ha mantenido y me sigue inspirando. Durante mucho tiempo, no pude sacar nada. Alguien me dijo una vez que no se puede escribir un libro hasta que no se ha vivido. Después de todo este tiempo, puedo decir que he vivido y entonces llegó el momento de dar a luz a este libro. No esperaba que fuera el primer libro que escribiera, pero este tema me ha intrigado tanto y tanto como mi amor por la escritura, si no más, mucho más. La escritura es un amor. El Viaje del despertar es un amor. La expresión de nuestra humanidad es un amor. El sueño de mi vida ha sido dar mi amor.

Esta es una ofrenda de amor.

A mi madre y a mi padre, que me dieron la vida y me demostraron su amor de la mejor manera que pudieron. A mi hermana Jamie, que es la persona más increíble que conozco. Nuestra familia siempre es la semilla de nuestro mayor crecimiento. La semilla que contiene las claves de nuestro destino. Es decir, el amor. El amor eterno que está dentro de todos nosotros.

A Wendy Butera; por compartir conmigo su sabiduría, bondad y amor. Doy gracias por conocer a alguien como tú hoy y todos los días. Gracias por ser mi guía, amiga e inspiración. Nunca habría sobrevivido sin ti.

Por la humanidad: dicen que cada persona que conoces juega un papel en la historia de tu vida y es verdad. Nos convertimos en las personas que amamos gracias a quienes conocemos y a todo lo que eso evoca en nuestro interior y, finalmente, a la transformación natural de nuestra alma a medida que hacemos nuestro trabajo interior. Todos estamos caminando a casa. No hay palabras para esta trascendencia y majestuosidad, porque es cierta en todos los sentidos. Con los que he conocido y con los que no, todos estamos conectados. Gracias y que Dios les bendiga.

Madre Teresa, Gandhi, Santa Teresa de Ávila, Santa Therese de Lisieux. Cada persona me inspira como ninguna otra persona puede hacerlo en la vida o en la historia. Cada persona presenta una parte de mi pasión y una parte de mi alma. Creo profundamente en el amor y en la naturaleza sagrada del viaje de nuestra vida. Leer y aprender sobre estas personas me ayudó a mantener la fe y aferrarme a este amor interior y al amor exterior mientras recorría mi camino, encontraba mi camino y continuaba con el paso de cada día lleno de amor.

Gracias a Dios, la divinidad, el universo; el que nos da vida y aliento. De todo corazón, gracias. No hay palabras para expresar mi eterna gratitud por el don de la vida que se me ha concedido: la oportunidad de vivir, respirar y llegar a ser. La exquisita belleza que es la vida y la exquisita belleza que somos. Lo único que me queda, lo único que puedo decir, lo único que puedo pronunciar, es: gracias. Gracias con todo lo que soy, y con todo mi amor, mi más profundo amor. Te amo y te doy las gracias.

Índice

Prefacio	X
1. Viaje de vuelta al corazón	3
2. La historia	11
3. El viaje	59
4. Marcadores	131
5. Herramientas, Consejos y Técnicas	173
6. Tres verdades inmutables	207
7. Notas finales	223
Epílogo	232
Sobre La Autora	234
Conéctese con Jane	235

Prefacio

Hola, y gracias por leer mi libro. Siempre he estado fascinada, obsesionada, hipnotizada, encantada y enamorada de una cosa y solo una cosa durante mucho tiempo, lo que todo esto significa: conciencia superior, iluminación, o simplemente, lo que significa vivir y estar viva. ¿Por qué utilizamos palabras tan grandes para cosas tan sencillas? Supongo que a veces es así. Complicamos demasiado las cosas más básicas. Cosas que son innatas a lo que somos, la razón por la que vivimos y el aire que respiramos. Cosas como, el amor

Cuestiones de esta naturaleza, me importaban mucho. Me consumían. Me llenaban. Me levantaban. También me desconcertaban. Me desafiaban. Sin embargo, curiosamente, me presionaban porque yo quería saber. Preguntas como ¿qué significa ser una buena persona, vivir una buena vida y vivir en paz? ¿Qué es la felicidad y puedo alcanzarla, la libertad del alma y mucho más? ¿Es posible la iluminación hoy en día y no solo en viejos libros de personas mayores de una época pasada? ¿Podría ser? ¿Se podría hacer ahora? Y sobre todo, ¿podría serlo, hacerlo y tenerlo? ¿Podría soñar con que existiera todo lo que deseo y más?

De todas las cosas que uno puede desear, no era el cuento de hadas, la ensoñación, la fantasía con la que sueña y sueña la mayoría de la gente. Era esto. Era el sueño más increíble que podía concebir y lo deseaba con todo mi corazón. Me llenó tan profundamente que me retuvo en la perpetuidad eterna hasta que llegó a ser. Esa es la naturaleza del destino. Es la semilla del alma que desea ser hasta que simplemente es y luego el desarrollo continuo mucho tiempo después.

Sin embargo, también fue el dolor más grande, profundo, mordaz e insoportable de mi vida. Todos soportamos el dolor, pero este dolor fue un dolor diferente a cualquier otro que impactó profundamente en mi vida de una manera que ni siquiera puedo empezar a describir. Un dolor con tanta pena y tristeza. Un dolor con tanta pérdida y pena. Un dolor que uno camina y soporta solo. Por ello, y a través de diversas experiencias en mi vida, esta se convirtió en la cuestión que deseaba por encima de todo. Se convirtió en la cuestión que necesitaba por encima de todo. Sencillamente, se convirtió en la cuestión rectora de mi vida.

Y así, me dediqué a esto y solo a esto; me dediqué a este camino. Me dediqué al camino de la paz lo mejor que pude. Me dediqué a amar lo mejor que pude, incluso cuando no sabía mucho de nada. En realidad, ¿quién lo hace cuando se está empezando? Pero la mayor verdad, incluso más allá de eso, es que todos empezamos donde estamos, que siempre es el mejor lugar para estar. Basta con desearlo de todo corazón; todo es inevitable.

Si has tenido o sufrido las mismas preguntas. Te has animado por las mismas preguntas. Has tenido los mismos deseos abrumadores, dominantes, que todo lo consumen. Has soñado lo que nadie se atreve a soñar. El sueño de llegar a la plenitud de la propia estatura y del propio nombre, del verdadero nombre, es decir, del nombre sagrado. Sí. El propio nombre del amor. Sí, que eres este amor, este libro es para ti.

Esto es lo que he aprendido.

Tú eres la luz del mundo. La luz de la conciencia significa más presencia, conciencia, perspicacia, sentimiento, comprensión y compasión. Sí, simplemente más luz.

Una vez que lo has probado, sostenido, olido, visto, oído, sentido y experimentado hasta cierto punto, ya no puedes volver a ser el mismo. Por eso, la vida nunca volverá a ser la misma, porque estás en el camino que solo unos pocos se atreven y aventuran. Estás en el camino que recorrieron todos los grandes de todos los tiempos. Estás en el camino, el gran viaje interior, para descubrir la verdad de quién eres.

Honrar nuestra luz es el objetivo más honorable y noble que uno puede tener en la vida. Se trata de enfrentarse a todo el amor, aceptar todo el amor, darse cuenta de que uno es el amor, hundirse en este amor, y luego el desencadenamiento de su amor. Es amor manifestado y el amor se manifiesta en su forma más elevada a medida que lo defines, lo refinas y simplemente lo eres. Sí. Tú.

Puede que nunca nos encontremos en esta vida, pero sé que recorremos el mismo camino. Siempre el estudiante ansioso, los ojos bien abiertos, el corazón bien abierto, el alma bien abierta. Ciertamente eres poco común. Hace falta un individuo excepcional para querer más, ser mejor y llegar más alto. Hace falta un individuo excepcional para dejar atrás todo el odio y las energías inferiores. Se necesita un individuo excepcional para enfrentarse finalmente a uno mismo. Se necesita un individuo excepcional para aceptar finalmente todo el amor interior y exterior. Hace falta un individuo excepcional para vivir y revivir por fin.

Que Dios te bendiga,

Jane

Viaje al despertar y a la
conciencia superior

Capitulo uno

Viaje de vuelta al corazón

"Quien mira fuera, sueña; quien mira dentro, despierta". — Carl Gustav Jung

El amor es lo único que ha obsesionado a la humanidad. Más que guerras, catástrofes y calamidades. Más allá de todo esto, este singular viaje ha cautivado a la humanidad desde los albores de los tiempos. Desde Platón, Aristóteles y Sócrates hasta nuestros actuales líderes del pensamiento de todas y cada una de las clases y no sólo los filósofos, sino los de todas las creencias y tradiciones, los poetas, escritores, activistas y artistas. Así han sido las cosas y así seguirán siendo mucho después de que nos hayamos ido, porque no hay nada más grande que el amor.

Puede que procedamos de entornos, vidas y circunstancias diferentes, pero una cosa permanece y es la misma. Compartimos el mismo viaje, el viaje al despertar, el viaje de retorno al corazón. Sí.

Más profundo que la iluminación.

Más profundo que el despertar.

Más profundo que todo eso.

Cuando vivimos en nuestro corazón, automáticamente llegamos a saber lo que hay que saber en todos los sentidos y a todos los niveles, de tal manera que satisfacemos nuestras necesidades, colmamos nuestra paz y realizamos las semillas de nuestro destino divino. Si tan solo mantenemos la fe y elegimos amar lo mejor que podamos. Entonces, todo está hecho antes de haber empezado.

Muchos piensan que la iluminación es algo ajeno e imposible, por no decir un concepto inalcanzable, ¿y ni siquiera el discurso tiene gracia? La gente lo acuña como un concepto frente a una realidad. Cuando la verdad del asunto es que cuando vives en tu corazón, ya es una realidad. Es la única realidad. A medida que vivimos nuestras vidas, nuestra conciencia crece naturalmente hacia este conocimiento, porque ese ha sido nuestro enfoque y nuestro objetivo:

vivir por y a través del corazón. No hay nada que satisfaga tanto como eso. Así que, al final, es adonde vamos todos. Simplemente de regreso al corazón.

A lo largo del tiempo y del espacio, muchos lo han llamado iluminación, satori, revelación, nirvana, perspicacia, bodhi... Y la lista sigue y sigue.

¿Has notado que hay tantos nombres para la misma cuestión?

Hay tantos nombres en todas las épocas, espacios, culturas y razas; es interminable.

Pero todo se reduce a lo mismo.

Es, sobre todo, el viaje de la humanidad, nuestro viaje compartido, nuestro viaje universal.

El viaje al despertar.

El viaje hacia la vida.

El viaje de vuelta a casa, al amor mismo.

A lo que realmente eres.

¿Y quién eres tú? Todos son nombres para lo mismo. El amor. Cuando te abres a la profundidad del amor interior, y con ello a todo lo que es y más. Te abres a todo lo demás, incluso más allá, porque no hay fin para lo que realmente eres ni para todo lo que es. Esa es la gloria y la gracia en la que vivimos cuando afirmamos la verdad de lo que somos. Simplemente la pura belleza de lo que somos se despliega milagrosamente ante nuestros ojos porque primero permitimos que se desplegara en nuestro interior.

El amor es el camino y la respuesta a todo lo que uno pueda nombrar o soñar. Luego, con el tiempo, acabamos conociendo el tipo de gracia exquisita que te conduce a los campos de pradera de la paz. El lugar con el que todos soñamos. El lugar del que todos venimos. El lugar donde ya estamos todos.

Cuando no se tiene nada en la vida, una persona no tiene absolutamente nada, o se ha perdido todo lo que se puede soportar por lo que parece, independientemente de si esto es cierto o no, se tiene amor. Con ello está el potencial para abrirse paso y liberarse de todas las limitaciones que atan y elevarse por encima a su debido tiempo, si no es tiempo divino, y descubrir la dicha que es tuya.

Más profundo que cualquier truco mental, el amor es lo más elevado y la única fuerza, pues nada más es real y existe. Porque no hay nada más poderoso, ni más potente, ni más grande que el amor. No es la mente la que te lleva allí. Es el corazón.

Entonces, ¿por qué me duele tanto? ¿Por qué es tan difícil?

Supongo que ese es el viaje de nuestras vidas, llegar a abrazar la profundidad de lo que somos, la profundidad del amor mismo, la pura amplitud de todo lo que es, mientras vivimos y redefinirlo para nosotros mismos, la alegría y el sentido mismo de nuestras vidas despojándonos de todo lo que es menos que, todo lo que es falso, todo lo que ya no sirve y reclamar nuestro amor. Que eres tú y lo divino como uno solo.

Cuando nos adentramos en la verdad de lo que somos, elevamos nuestra conciencia, consciencia, vibración y nivel interno de comprensión que va más allá de donde llegan las meras palabras, sino hacia y desde un lugar que es. Empiezas a operar desde la inteligencia natural. Sí, tú. Porque ese es tu alineamiento por y para ti, tu fluir.

No se trata de un flujo que sientes sólo cuando te sientes bien, cuando las cosas van bien o cuando estás en la cima del mundo. Este es un flujo más profundo que es, como todo lo que es, tal como eres, como simplemente eres. Todo es lo mismo cuando llegamos a reclamar nuestro único y verdadero nombre. Ese nombre es el nombre sagrado del amor, querido.

En el fondo, algunos de nosotros desearíamos que esto fuera cierto. Lo sentimos en lo más profundo de nuestro ser y una parte de nosotros, la más profunda, dice que sí a pesar de lo que diga nuestra mente. Para algunos de nosotros, sabemos que esto es exacto y ese es el viaje de nuestras vidas hacia una hermosa plenitud, para vivir en plenitud y alegría eterna mientras conseguimos honrar nuestra alegría y darla por el resto de nuestros días.

Este es el viaje de toda la humanidad.

Esto ha sido siempre, es ahora y será siempre.

Un retorno al amor mismo.

Y por último, déjame decirte que eres amado.

Y tú eres amor.

Sí.

Sí, lo eres.

No importa lo pequeña que sea la voz, no permitir eso en nuestra vida es la fuente, la raíz de nuestro dolor. Se expresa a través de nuestras emociones, que son un buen indicador de dónde nos encontramos. Debemos estar dispuestos a sentir y sentarnos con nuestros sentimientos honesta y abiertamente para ver esto y honrarlo, sea lo que sea. Luego, poco a poco, vamos recibiendo pistas e ideas sobre qué hacer a continuación, en qué dirección seguir o, simplemente, qué nos parece mejor en ese momento.

La vida no consiste en ser feliz 24 horas al día, 7 días a la semana. Es a través de la experiencia de nuestras emociones, por la experiencia de nuestra vida, que nos muestra dónde estamos dentro de nosotros mismos. Aprender a procesar, sentir y liberar nuestras emociones es fundamental para el bienestar. Recuerda, el amor es un fluir. Toda la vida fluye y tu vida también fluye. Por lo tanto, debemos honrar este flujo aprendiendo a dejarlo ir y liberarlo en los mismos éteres de este mundo, al Cielo mismo.

Y si no hacemos estas dos cosas, sentir y liberar, se acumula hasta que hay un punto de quiebre. De un modo u otro, se refleja en nuestras vidas. El dolor y el coste de no honrar nuestra voz, la voz más profunda de nuestro interior.

Después de algún tiempo, patrones similares se revelan en nuestras vidas a medida que empezamos a ir hacia adentro o simplemente mientras vivimos, y finalmente, uno finalmente actúa; por ahora, se vuelve más doloroso no hacerlo. Entonces, en este punto, finalmente eliges.

Te eliges a ti.

Tú eliges intentarlo.

Tú decides actuar.

Tú eliges hacer.

Inicias el camino del amor eterno.

Porque siempre que alguien se elige a sí mismo, ese es el camino del amor mismo.

Porque tú eres el amor verdadero.

Tú eres el amor, querido.

Tú eres el amor, querido.

Tú eres amor.

Capitulo dos

La historia

"No estoy obligado a ganar, pero sí a ser sincero. No estoy obligado a triunfar, pero sí a estar a la altura de la luz que tengo". — Abraham Lincoln

Mi historia

Desde que tengo uso de razón, solo me ha interesado una cosa y solo una cosa. Si has elegido este libro, ya sabes lo que es. Quería saber, y de verdad quería saber lo que había que saber, todas las cosas que no sabía; quería alcanzar la iluminación. O más profundo que eso, más que eso, quería conocer la paz. Con la paz, también quería conocer la plenitud. Quería saber qué significaba ser una buena persona. No sé por qué, pero así era. Quería saber qué era vivir y estar viva. Llegar a estar verdadera y plenamente viva. Quería saber qué significaba vivir una buena vida.

¿Has sentido alguna vez un deseo ardiente? ¿Del tipo que te consume por completo? Bueno, esta era la mía. Desde que tengo memoria. En muchas ocasiones, en el instituto, recuerdo haberme sentado solo en la losa de piedra del patio, preguntándome cuál era el sentido de la vida o pensando en cómo deseaba que existiera un manual de la vida para poder hacer bien esto que se llama vida. Era una preocupación genuina y una curiosidad significativa, si no una gran fascinación. Mantuvo mi atención y mi interés sin cesar.

No tengo ni idea de por qué eso es lo que me vino a la mente, y eso es lo que me importaba, pero debe haber sido lo suficientemente fuerte como para que, incluso en la escuela secundaria, eso es lo que me gustaría pensar en mi tiempo a solas, entre todo lo demás cuando la vida se desaceleró, mi mente se desaceleró, o cuando me desaceleré.

Verás, yo no era para nada la niña más lista, ni la más brillante, ni la más astuta. Francamente, si he de ser sincera, a esa edad no podía pensar con demasiada profundidad. Mi nivel de conciencia era relativamente bajo, lo que no tiene nada que ver con la inteligencia. Entré en un instituto especializado a través de un examen de acceso. Sin embargo, el intelecto y la conciencia son dos cosas distintas, como la mayoría de nosotros ya sabemos.

A esa edad, no tenía la capacidad consciente de procesar nada fuera de mi mundo inmediato y, más aún, lo que tuviera delante. Todos evolucionamos a ritmos y niveles diferentes a lo largo de nuestra vida. Todo tiene su momento en nuestra vida. Es indiscutible. Es nuestra huella y el plano que nos han dado. Conciencia y despertar a uno mismo y al alma. Es un viaje y un proceso que dura toda la vida.

Al igual que el Indicador de Tipo Meyers Briggs (MBTI), un test de tipología de la personalidad basado en las teorías de Carl Jung, pretendía demostrar que nuestro comportamiento aparentemente aleatorio no lo es tanto y se basa más en nuestras preferencias individuales sobre cómo percibimos el mundo. Es una de las herramientas de personalidad más populares en las empresas Fortune 500 de todo el mundo.

Proporciona un marco para comprender las diferencias individuales, los impulsos y los sistemas de valores. Fomenta una mayor comprensión, autoconciencia, comunidad y comunicación. Por ahora, nuestras diferencias son una fuente de fortaleza y comprensión por lo que son, simplemente una forma diferente de ver el mundo frente a etiquetar a alguien de terrible o equivocado.

Cuatro categorías principales le clasifican en uno de los dieciséis tipos de personalidad.

Introvertido y extrovertido - ¿Centras tu energía en el mundo exterior o en el interior?

Sensación e intuición - ¿Te centras en lo que es real y en tus cinco sentidos, o en las asociaciones y en las posibilidades de lo que podría ser?

Pensar y sentir - ¿Prefieres tomar decisiones basadas en la lógica o tienes en cuenta los motivos y valores humanos?

Juzgar y percibir - ¿Prefieres tomar decisiones ordenadas y cerradas o estar abierto a nuevas ideas y a la espontaneidad?

Comprender los distintos tipos nos da una idea de nuestra vida cotidiana, de cómo vivimos nuestras vidas y de cómo cada variación ofrece un nivel y una forma totalmente nuevos de ver el mundo.

Además, cada uno tiene su propio estilo de aprendizaje. Hay muchas variaciones de modalidades de aprendizaje, pero estos son los tres tipos básicos: Kinestésico, Visual y Auditivo.

Si eres un estudiante cinestésico, aprendes mejor haciendo y tomando medidas prácticas. Los alumnos kinestésicos suelen tener dificultades para aprender de la forma tradicional, sentados en una clase. Deben participar activamente para aprender el material.

Si eres un alumno visual, aprendes mejor viendo gráficos, imágenes y tablas. Leen bien el lenguaje corporal y tienen buen ojo para la estética, como la decoración o el diseño.

Si eres un alumno auditivo, aprendes mejor escuchando y leyendo los apuntes en voz alta. Los alumnos auditivos hacen muchas preguntas y comentan lo que oyen inmediatamente. Por tanto, incluso la forma en que asimilamos la información es diferente.

Aparte del MBTI, hay muchos tests de personalidad que revelan cosas que no veíamos de nosotros mismos desde un ángulo diferente: nuestros puntos fuertes y nuestras áreas de crecimiento. En pocas palabras, existen infinitas posibilidades para la huella digital de nuestro ser. Cada uno es único por sí mismo.

A menudo, en lugar de aceptar y apreciar lo que somos, nos criticamos a nosotros mismos o a los demás por no parecernos a nosotros mismos o a los demás cuando, en realidad, cada perspectiva tiene un don y una visión valiosos que aporta. La mente nos dice que no somos lo bastante buenos y que deberíamos parecernos más a esta o aquella persona. En realidad, simplemente todos somos flores de colores diferentes y deslumbrantes en el hermoso jardín de todos los cielos y la tierra.

Cómo sirve cada estilo, modo y manera de ser. No te sirve solo a ti, sino también al conjunto, cómo cada perspectiva y cada persona importan. Cómo la forma de ser única de cada persona, especialmente, ¡importa! Abrazar lo que nos hace únicos y diferentes es el don y la visión que ofreces y aportas, si lo dejas crecer y abrazas lo que eres.

Y como cualquier persona, necesitamos tiempo para crecer. Crecer en la verdad de lo que somos como lo reclamamos trabajando a través de nuestro dolor, liberando y aceptando lo que es, y aceptando lo que eres. De este modo, a través de la aceptación, se produce un rejuvenecimiento completo de la verdad de lo que somos poco a poco, poco a poco hasta que lo eres. Aprender a aceptarnos a nosotros mismos es un viaje que dura toda la vida. Con ello viene el poder de ser. Ser libre. Ser feliz. Ser tú. Incondicionalmente. Esa es la libertad más pura y nuestro derecho de nacimiento cuando el corazón y el alma son libres.

Ese sería mi viaje en adelante, a medida que lo aprendiera. No quiero decir que por las malas, pero supongo que fue como tenía que ser. Porque, sí, algunas cosas están destinadas a ser. Nuestras vidas están en orden divino, más allá de nuestro conocimiento y comprensión. No entendería la naturaleza y la verdad de esto hasta más tarde en mi vida. Puedo decir esto ahora, en esta etapa y edad de mi vida. Esta es una verdad fundamental de toda la vida, si no una ley. Todo está en el tiempo divino y en el orden divino, que es ley divina. Entonces, ¿en qué consiste el viaje al despertar, a la conciencia, a la conciencia superior y al amor mismo?

Apuesto a que a estas alturas te estarás preguntando quién es esta persona que habla de todo esto. Sí, es una buena pregunta y yo también me preguntaría lo mismo. No soy nadie, sino alguien que desea fervientemente crecer y comprender. Sentía un deseo insaciable. Un deseo irrefrenable. Un deseo inextinguible. Ha sido, y será siempre, la mayor alegría y fascinación de mi vida. Cuando alguien se plantea honestamente estas preguntas sobre la naturaleza de lo que somos, la única respuesta, conclusión, cualquier cosa, todo, no hay más que una y es esta: el amor.

Como he dicho antes, todos crecemos y evolucionamos a ritmos diferentes. Bueno, fui más lenta que la mayoría. Mi nivel de conciencia estuvo bastante limitado durante un largo periodo, como el de cualquier niña que crece. Todos tenemos nuestro tiempo para las cosas y un tiempo divino. Cómo todas las cosas suceden por una razón y un propósito más allá de nuestro conocimiento o comprensión en ese momento, pero todas sirven a un objetivo superior si lo permitimos.

Así que, un poco sobre mí.

Estuve enferma la mayor parte de mi vida. Fui gravemente alérgica al sol hasta tal punto todos los veranos durante al menos diez años; el sol del verano era tan intenso para mi piel que me hinchaba y endurecía la cara, el cuello, los brazos y otras partes del cuerpo. Cuando se endurecía, se hinchaba como escamas de dragón y se secaba tanto que, si me salpicaba una gota de agua, sentía un dolor visceral como agujas de alfiler con cada gota de agua.

Entonces, ¿cómo te duchabas? No podía. Me dolía tanto que no podía ducharme. Mi madre tenía que bañarme suavemente y me picaba cada vez, mil agujas a la vez sin falta cada tarde sin resultado.

Mi cara se hinchaba, se escamaba y se endurecía hasta el punto de que no podía moverme y cualquier movimiento me dolía. Así que tomaba agua o sopa con pajita cada tres o cuatro meses al año durante más de diez años porque físicamente no podía hacer otra cosa. Así que, naturalmente, perdía y ganaba una cantidad espectacular de peso cada año con el sol del verano.

Me parecía a cualquiera de las fotos de los libros de medicina: una deformidad extrema. Yo era una de ellos. Un día eres un niño normal con problemas normales; al día siguiente, toda tu vida cambia y eres un niño diferente con problemas diferentes.

Nunca pregunté por qué. Nunca me pregunté por qué pasaba, por qué estaba pasando o por qué a mí. Cuando se es niño, no se pregunta por qué. Se entiende y se acepta que es así. A pesar del dolor y de los largos días, acepté. Sí. No me gustaba, pero acepté. Yo no sabía nada. Y mucho menos, ¿qué más iba a hacer? Y así, pasé una cuarta parte de cada año en la cama durante mucho tiempo, simplemente mirando al techo y a la ventana, si es que había una.

Mi cuerpo se transformaba cada verano como el extraño caso del Dr. Jekyll y Mr. Hyde y me sentía como el hombre elefante en todos los sentidos. Sin embargo, para mí, no era un sentimiento o una historia; era verdad y era mi historia. Si has leído el libro, trata de un hombre con una desfiguración horrible y esa era mi realidad. Cuando se te hincha la cara con escamas que te cubren toda la cara y partes del cuerpo hasta el punto de que no puedes moverte bien, no hay mucho que puedas hacer. Tuve que tapar todos los espejos de la casa porque no podía mirarme. Me dolía y me estremecía cada vez que me acercaba a una superficie reflectante, porque era un monstruo. Esto se convirtió en mi ritual diario.

Así aprendí a mirar hacia abajo y a no mirar a nadie a los ojos. Con miedo a lo que pueda ver en el espejo o en los ojos de otra persona, el juicio, la tristeza, el asco. O la verdad que tan profundamente temía, que sí, que soy genuinamente indigna, irredimible y no querible. Más profunda que simplemente fea, sino simplemente no querible. Que lo que sentía por mí misma y lo que veía en el espejo era lo que soy, era insoportable.

Todo empezó un día que fui a Six Flags con un grupo de la iglesia en verano. Aprendí que no podía salir como los demás niños porque yo no era como los demás niños. A los 15 minutos de llegar por la mañana, me desmayé inmediatamente y caí al suelo. La siguiente vez que abrí los ojos, ya era por la tarde y estaba sentada en el autobús Greyhound que nos trajo hasta aquí con un pañuelo blanco sobre la cara. Sentí que algo rezumaba lentamente de mi cara y cuello, que me dolía al moverme. Así que me quedé acostada, ligeramente reclinada y quieta.

No sabía lo que estaba pasando. Todo lo que sabía era que sentía dolor, no podía moverme, y todos los niños subían al autobús después de un largo día viéndome tendida en el asiento dolorida, todos susurrando qué le pasaba, qué le pasaba en la cara, parecía Godzilla. No me importaron todos los comentarios, más que nada porque estaba medio aturdida y cansada, pero estaba deseando volver a casa y estar con mi madre.

A partir de ese momento, ese fue el año en que empezó todo. Fuimos al pediatra y al hospital, y nadie sabía lo que era. ¿Quién tiene alergia al sol? ¿Y mucho menos con este nivel de reacción? Yo. Recuerdo que el primer año fue muy malo; me llevaron al hospital y lo que me hicieron fue tan doloroso que empecé a gritar y a retorcerme en la camilla. Varias personas tuvieron que sujetarme. Ese es mi recuerdo de los hospitales: el dolor.

Estar constantemente enferma hizo mella en mi ser. No sé si alguna vez tuve autoestima, valor propio o algo de autoestima cuando era niña. Aun así, como se puede imaginar, esta experiencia anual de deformación paralizante destrozó hasta la última parte de cualquier pista que pudiera haber tenido. Me quitó a mí, a mí y me dio una nueva realidad.

Unos años más tarde, una noche en particular, acostada en la cama mirando el mismo techo blanco, mi amigo de siempre, empecé a preguntarme si moriría y qué era la muerte. Empecé a llorar porque no quería morir. Quería vivir. En ese momento surgió el deseo más genuino; nació mi primer deseo. Quería vivir y comprender lo que significaba vivir y estar viva. Se lo pedí a Dios, quienquiera que fuese, se lo pedí mientras las lágrimas rodaban por mi rostro, acostada y retorciéndome de dolor, sola y por mi cuenta.

Querido Dios,

Por favor, oh por favor, dame un día más, día a día. Quiero saber lo que significa vivir y estar viva, y prometo que aprovecharé cada día para hacerlo. ¡Quiero vivir! Por favor, solo un día más, día a día, y lo haré.

Amén.

¿Fue una oración, una llamada, o todo eso? Lloré a moco tendido y toda mi almohada estaba empapada.

Cuando uno está físicamente desfigurado y lisiado, empieza a darse cuenta del valor de la salud y, lo que es más profundo, del valor de vivir y estar vivo. El deseo está ahí aunque no sepamos qué es, y todos tenemos y compartimos ese deseo. Nacer y renacer.

Hasta los niños. Tenemos un corazón tolerante hasta que nos damos cuenta, y vaya si me di cuenta. El carácter definitivo de la muerte y el hecho de tener que asimilarlo fue algo terrible. Cumplí la edad suficiente para darme cuenta de que podría ser así y de lo que eso significa.

Así que recé. Recé, de nuevo, y, recé una vez más.

Entonces, pedí un deseo a una estrella. Con todo mi corazón, deseé una estrella como en todos los cuentos de hadas.

Padre.

Por favor, quítame este dolor. No quiero morir cuando aún ni siquiera he vivido. Quiero vivir y saber lo que significa estar viva. Haré todo lo posible para conseguirlo. Lo prometo. Lo prometo de todo corazón. Lo prometo.

Amén.

Pasé muchas noches con esa oración singular entre el dolor mental, emocional y físico de la vida cotidiana.

Así que, resumiendo, no desapareció. Se aligeraba y disminuía al mínimo con cada año que pasaba. Aun así, con el paso de las décadas, ahora es mucho mejor y manejable. Esa fue mi primera oración, deseo o anhelo genuino. Vivir. No quería lo que querían otras chicas o chicos. No me importaban muchas cosas. Aún es el caso. Esto marcó la dirección que iba a seguir. Haciendo memoria, me doy cuenta de que ese fue el principio de mi historia (incluso antes de lo que ocurrió después, que lo cambió todo radicalmente).

Muchos años después, caminaba por el campus universitario y hacía un día precioso. De esas en las que el sol brilla, las nubes se hinchan y son agradables, la suave brisa acaricia tu piel de vez en cuando, los árboles susurran al viento mientras las hojas bailan con gracia. No mucha gente disfruta o se fija en el baile de las hojas, pero es el tipo de cosas que siempre me han parecido tan bonitas. Cuando la naturaleza brilla y resplandece ante tus ojos y tu corazón.

Mientras caminaba, deleitándome con el día, de repente, todo empezó a ralentizarse suavemente. Sentí un crujido profundo, fuerte y atronador en mi cerebro, como si el suelo bajo los pies de mi ser cediera como un terremoto, como si un abismo polvoriento y olvidado durante mucho tiempo se hubiera revelado y abierto por fin en mi interior. Sentí un torrente de energía y los grandes vientos fluyendo a través de mí, vertiéndose en y desde mí, en mi mente, corazón, cuerpo y mi propio ser.

Sentí una oleada de luz. Lentamente dejé de caminar y me quedé inmóvil. Me quedé lo más quieta posible, tomando cada bocado de emoción, energía y luz. Era tan hermoso que tuve que detenerme y quedarme quieta para sentirlo todo porque era así de bueno, exquisito, sobrecogedor y abarcador. Simplemente impresionante. Fue la experiencia más profunda de mi vida. No sé cuánto tiempo estuve allí mientras todos los alumnos iban y venían de clase. Podrían haber sido unos minutos o unas horas. Creo que fue durante bastante tiempo porque no llegué a casa hasta por la tarde.

Así que me paré bajo los árboles del campus, cerca de St. Albert's Hall, y lo asimilé todo. La belleza del mundo, la belleza de la humanidad, la belleza de todo lo que es. La belleza de todo, hasta el último trozo y hasta la última gota. Fui consumido, envuelto y tomado. Había tanta belleza. Una belleza que va más allá de las palabras y que ni siquiera éstas, tan elegantes, podrán jamás transmitir, captar o soñar. No. La verdadera belleza es intemporal, y las palabras son meras baratijas. Eso es mucho decir, porque me encantan las palabras. Es cierto.

Las hojas no solo se mecían y bailaban; ahora brillaban. Brillaban con tal fulgor que me dejaron sin aliento. Toda la vida resplandecía con matices tan brillantes; era inconfundible e innegable, sencillamente indescriptible. El amor brotaba de mis ojos, el amor brotaba del mundo, el amor brotaba de cada rostro y faceta. Eso fue después del hecho. En ese momento exacto en que todo se detuvo. Solo vi una cosa: la luz. La luz brillante, cálida e incandescente abrió mi esencia y me sacudió.

Una oleada de energía cálida me recorrió como si fuera un puerto de montaña que cobraba vida en ese mismo instante, mientras todos los escombros se desprendían. Escombros que ni siquiera sabía que tenía en todos los pequeños bolsillos y grietas de nuestro ser; todo se disolvió y desapareció. Ya no existía. Esto dejó una abertura aún mayor en mi interior, ya que entró más luz, iluminó cada parte y me consumió por completo.

Era una verdadera panacea, curativa y reveladora. No había ningún lugar donde esconderse ni adonde ir, ni había ningún deseo de hacerlo. Había un deseo: sentirlo profundamente, verlo todo, deleitarse con la dicha y afrontarlo todo, pase lo que pase. Fue un aprendizaje, un desaprendizaje, una renovación y un renacimiento. Un verdadero rejuvenecimiento del alma y del espíritu. Un desenterramiento de lo que somos. Es difícil de describir, pero lo cierto es que si realmente nos aterrizamos, todos sabemos lo que hay que saber. Porque eso acostumbra a estar en lo más profundo de nuestros corazones. Nuestra sabiduría interior innata. Nuestro yo y nuestra alma. Acostumbremos a lo que acostumbremos, todos tenemos un corazón. Nuestro corazón nos conecta con todo lo que es y más, arriba y abajo, dentro y fuera, y de todas las formas posibles.

Ya es hora de despertar, querida. Es hora de recordar quién eres, querida. Es hora de empezar, querida. Esa fue la sensación que sentí. Ya era hora.

Después de ese profundo momento, perdí toda capacidad de pensar o procesar algo mentalmente, lo que me llevó a otra profunda experiencia. Sentí que un terremoto abría los abismos más profundos de mi mente, mi corazón y mi alma. Lo sentí todo y me dejé llevar. Es como si mi mente se abriera, se liberara y se apagara.

¿Qué ocurre cuando tu parte pensante se calma, se detiene lentamente y luego se detiene por completo? Lo único que te queda es sentir. La tierra de la leche y la miel, como dicen. La tierra del sentimiento puro, puro y crudo. La verdad de quién eres en el fondo. Que sí, que estás enamorado, y que eres amor, de verdad. Que el amor es la única realidad, lo único real y lo único que existe.

Sin embargo, más allá incluso de lo que suena increíble, algo también acaba de encenderse. El proverbial interruptor de la luz se había encendido dentro de mi ser. La experiencia fue como la noche y el día. Esta fue mi primera experiencia con la conciencia y mi conciencia.

Por primera vez conocí el silencio, la quietud y la paz total y absoluta.

Sí No existía el querer, ni el desear, ni el querer. Existía simple y únicamente el ser. De ser era la apreciación genuina de la vida y la belleza, los milagros, la majestuosidad, y su vida en eso: la pura experiencia de la vida y el honor de estar vivo. No hubo más preguntas. Había una alegría: dar amor y recibir amor, simplemente amar. No solo era el objetivo más elevado, sino el único. La idea de ser ya no era una mera idea, sino un hecho y una función de nuestra realidad visceral. Todos lo somos. Empezamos a ver la verdad cuando salimos de nuestro camino y aprendemos a domar nuestra mente. Es tan natural como respirar, y para mí lo era.

Ese fue el momento en que toda mi vida cambió.

Junto con la experiencia de mi misteriosa enfermedad infantil, mi camino se solidificó. Necesitaba saber lo que necesitaba saber.

Todos mis deseos, anhelos y plegarias habían sido atendidos. Sin embargo, esto abrió la puerta a deseos, anhelos y plegarias aún más febriles.

Necesitaba saber qué era esto. ¿Qué ocurrió y qué estaba pasando? ¿Qué es esta increíble sensación, esta increíble experiencia, esta increíble realidad? No mucho. "¿Por qué es todo tan bonito?" Como si uno se preguntara y se quedara perplejo, pero más aún: "¡Dios mío, qué bonito es todo!", como una pura afirmación de hecho y de asombro.

Era la paz más exquisita que jamás había sentido o conocido. Me sacudió hasta la médula porque me abrió la médula. Fue como si se hubieran abierto las polvorientas cubiertas de mi corazón y de mi alma, pero también se hubiera colocado una cálida manta a mi alrededor. Por último, no hay manta. El amor es amor, y el amor es universal, y no hay separación entre tú y el amor, tú y el mundo, tú y todo lo que es. Tú de ti.

Fue el día en que me enamoré por primera vez. Es el momento que todo el mundo espera y desea en una pareja, y en su lugar me ocurrió a mí. Tenía una fuerza desmesurada. Fue mágico sin medida. Era un tesoro más allá del tesoro. Ni siquiera la redacción de esto es comparable. Como cualquier historia de amor verdadera, hay que vivirla, experimentarla y saborearla. Los relatos de segunda mano o la lectura de los mismos sólo sirven de algo.

El recuerdo de este acontecimiento se ha desvanecido con el tiempo. No de inmediato, por supuesto. ¿Cómo podría? Estaba grabado a fuego en mi ser. Algo así se queda contigo para siempre en muchos sentidos. El amor siempre lo consigue.

Me sirvió de luz de guía a lo largo de mi viaje de descubrimiento, y sus sutiles efectos aún lo hacen. Cada vez que me olvidaba o luchaba, el puro recuerdo y la energía de este acontecimiento por sí solo me mantenía amorosamente, me sostenía y me recordaba la verdad de lo que es, del amor generoso, el amor que está a mano, el amor que es, ¡tal como somos! La realidad va más allá de lo que vemos, pero es mucho más profunda. A esto lo llamamos eternidad, porque el amor es eterno.

A mí también se me olvida de vez en cuando, pero todos somos humanos, ¿no?

Lo somos.

Y lo maravillosos que somos todos juntos en esta cosa llamada vida. Por mucho tiempo que tengamos, qué regalo y qué bendición. Cada uno de nosotros llevamos con nosotros y compartimos el amor que conocemos y el amor que somos, que solo se hace más profundo a medida que nosotros también crecemos. Así de poderosos somos y así de poderosos son un recuerdo, un acto, una emoción y una experiencia de amor verdaderos. Simplemente ilumina nuestro camino y nuestras vidas. Actúa como un faro, una luz de guía, una verdadera estrella polar. No necesitas ver en la oscuridad; todo lo que tienes que hacer es aferrarte a la luz, y el resto se resolverá por sí solo. Siempre es así.

Y así, volvemos a nuestra historia.

Algo profundo sucede cuando tu mente deja de luchar contra ti, o cuando tú dejas de luchar contra tu mente, o en mi caso, la mente se detiene por completo. Lo eres. En todo lo que eres, estás plenamente presente en lo que es.

Si te preguntas qué es "lo que es", eso eres tú, el mundo y toda la vida en sí. Porque tú eres vida y vida, y eres uno. La belleza de este mundo es tu belleza, y viceversa.

Se pierde, se aquieta, se alivia o se libera todo el bagaje mental y emocional que ambos tenían y que no sabían que tenían. Cuando todo se va, no hay separación, ya no. Porque la separación era de la mente y no del corazón. Lo único que te queda eres tú. Lo único que te queda es todo y nada al mismo tiempo. Lo único que te queda es la belleza de lo que es: se acabó la mente de mono, como dicen los budistas. Se acabó la cháchara o la influencia indebida de cualquier tipo. Sólo puro ser. A la antigua usanza. Del tipo que todo el mundo busca. Si miraran dentro.

Y de alguna manera, ahora tenía no sólo la confianza, sino también una confianza interior más profunda basada en el manantial desbordante de alegría que sentía dentro de mi propio ser frente a cualquier cosa externa como tantos de nosotros hacemos y equivocadamente ponemos nuestra fe.

Era la alegría de ser y el amor por la vida y por vivir. Reverencia y aprecio por la belleza, la maravilla y la gracia de la vida. El amor que brota de mi alma, de las almas de todos los que me rodean y del alma del mundo. Todo. El tipo de amor que irradia como el sol, brillando y fluyendo por y a través de tu corazón. No hay que intelectualizar nada. Ya sabes. Sabes lo que sabes, y lo sabes. La vida siempre es así de sencilla. El amor siempre es así de sencillo. Todas las cosas buenas de la vida son siempre así de sencillas.

Dicen que con amor, tienes un entusiasmo infinito por la tarea que tienes entre manos. Es verdad. Te vuelves resistente de forma natural. Es una gracia de amor innumerable, una de tantas si lo permitimos, que significa alegría sin límites, sin fin, sin fin.

Quitarse fácilmente todos los grilletes que atan y experimentar la alegría llamada vida, la alegría llamada tú, la alegría llamada amor, y comprender que todo es lo mismo. Era una libertad sin igual. Por fin estaba en paz. Yo era libre. Libre de ser. Libre de ser yo. Libre para dejar que mi alma corriera salvaje y libre, y, lo hice.

Con eso, supe que mi papel en esta vida era ser amorosa y feliz. Eso fue todo. Signifique lo que signifique y sea lo que sea, se trataba simplemente de ser yo y dejar que mi espíritu volara libre. No es mi papel, sino el de todos. Ese es nuestro propósito, el propósito de esta vida. Por no hablar de que es la única manera de ser feliz y realizarse y vivir siendo simplemente nosotros mismos, nuestro verdadero yo, nosotros mismos desatados. Se trataba de un conocimiento más profundo que la semántica intelectual; este conocimiento me llegaba hasta la médula, donde lo comprendía a un nivel visceral, gutural, si no biológico. En ese momento, mi corazón dijo sí, y me entregué y decidí hacerlo así.

Dar y dar "esto". Fuera lo que fuera "esto", quería darlo.

Iba a darlo.

No tenía ni idea de lo que eso significaba ni de lo que supondría para mí, pero sabía que realmente lo haría. No porque tuviera que hacerlo, sino porque es la única opción inevitable para cualquiera cuando estás allí. Porque el amor debe hacer lo que hace el amor. El amor debe amar, dar y honrar el propio corazón y la propia alegría. Al fin y al cabo, compartir es cuidar, ¡y el amor quiere divertirse!

Algunas personas lo experimentan si lo hacen, durante un breve momento. Ese momento en el que el tiempo se detiene, y experimentas una apertura radical del corazón, una entrega del corazón, un corazón que revela una presencia verdadera de un tipo, a través de un acontecimiento traumático como una experiencia cercana a la muerte de cualquier tipo, o un despertar de cualquier grado, o incluso dar a luz y mirar a los ojos de tu bebé por primera vez. Sea lo que sea, en la mayoría de los casos suelen ser unos instantes que, de alguna manera, parecen más largos de lo que son. Sin embargo, es lo único que se necesita. Es tan poderoso, potente y crudo que devuelve la vida a una persona. Ese es el poder de la presencia completa y pura. Viví en ese momento durante seis meses sin descanso ni interrupción. Comprender, conocer y respirar dicha con cada parte de mi ser.

Fue una bendición.

Va más allá de lo que cualquier libro de cuentos puede captar. El negocio del entretenimiento se basa en captar la magia, pero nadie puede captarla del todo. La realidad es siempre mucho mejor que la ficción. La belleza de esto es que incomprensible, que indescriptible, que inefable, uno no puede ni siquiera comenzar a expresar, pero sentir, sentir tan profundamente, en ese solo acto, recuerdas y cosechas los beneficios porque la energía del amor y el permitir que esta energía entre en tu ser es un verdadero recuerdo y sanación, porque eres tú en todos los sentidos en tu núcleo.

Durante este tiempo extraordinario, las pocas preguntas que iban surgiendo poco a poco en mi interior recibían respuesta de inmediato, y si surgía otra pregunta en mi interior, volvía a surgir otra respuesta hasta llegar a la profundidad de todas las preguntas que uno pueda tener. Ir a la raíz misma de la que procede toda vida. Si te estás preguntando cuál era esa respuesta. Sí, era amor, y eso era paz. Pacíficamente profundo y profundamente pacífico. No tener más preguntas, conocer la paz y simplemente respirar y ser.

Así que, resumiendo, después de seis meses, empecé a perderlo todo, el estado de gracia que tanto había cautivado, encantado y enamorado a mi ser durante todo el verano, ya que ahora estaba entrando en los años clínicos de otoño para mi doctorado en la escuela que ya era lo suficientemente difícil, pero con esto, se convirtió en uno de los momentos más complejos y desafiantes en y de mi vida.

Todos pasamos por momentos difíciles en la vida. Tantos para nombrar y tantos para contar, parece. Sin embargo, el dolor de la pérdida del Cielo mismo, de la dicha más allá de la dicha, del amor más puro que jamás hayas conocido, no estoy seguro de que exista un dolor igual. Especialmente cuando eres un niño y no tienes ni idea de lo que está pasando, excepto tener este amor abrumador, indescriptible y palpable que arde por dentro y por fuera. Con la experiencia de la belleza exquisita llegó la experiencia del dolor exquisito.

Ya no podía dejar de ver todo lo que había aprendido, sentido y vivido. Ya no podía dejar de verme, a mi verdadero yo. Ya no podía dejar de ver muchas cosas. Todo el bagaje mental que tenía y que no sabía que tenía regresó precipitadamente. Ahora tenía que afrontarlo, uno por uno, además de los estudios clínicos.

Encima, hace tiempo que nadie entiende nada. Iba a enfrentarme al mundo sola durante mucho tiempo. Ese fue mi camino.

¿Cuándo en la vida ocurre algo así? Incluso empecé a cuestionarme mi cordura. Hablé con muchos profesionales y personas con muchos doctorados y títulos, desde clérigos hasta científicos. Sin embargo, nadie, ni una sola persona, tenía el lenguaje o una base de comprensión para ello. Esto no tiene nada que ver con la mente, sino con el nivel del corazón. Es un viaje sagrado, personal y continuo para todos nosotros. Así que no hay nada que hacer, salvo comprender.

En la veintena, sólo quieres conocer amigos, divertirte y reír. Tienes algún comportamiento inconsciente que estás trabajando, si eres consciente, pero quieres divertirte. Y mucho menos cuando has encontrado el amor más grande de todos los que arden en tu ser, ¿y qué quiere hacer el amor cuando ha encontrado el amor? El amor quiere dar y compartir y jugar como cualquier persona. Lo intenté, pero a la mayoría de los veinteañeros no les interesan esas cosas o no tienen aún la capacidad mental y emocional para entenderlas. No encontré comprensión ni interés en el asunto hasta mucho más tarde.

Haber experimentado lo más milagroso que una persona puede ver y enfrentar, y que todo desaparezca, y luego que ni una sola alma sepa o siquiera se preocupe por discutir asuntos de la profundidad de lo que somos, la profundidad del amor mismo, la profundidad y la amplitud y la belleza de la vida. O incluso estar presente en lo que es, que también es mucho. Esto iba mucho más allá del desarrollo personal, la psicología, la filosofía o cualquier cosa que la mente pueda construir o concebir, ya que todo tenía que ver con el corazón y eso me dolía sobremanera.

Estuve muy deprimida y triste durante bastante tiempo, yendo y viniendo, luchando con esta nueva realidad frente al estado actual de las cosas, el estado actual de mí. ¿Cómo puedo justificar y rectificar esta nueva forma de ser? Y en mi corazón, supe que esto era cierto y no sólo la forma ideal de vivir y vivir, sino la única forma de vivir y ser. Ser así de libre y feliz, en puro éxtasis y regocijo.

Ahí empezó mi viaje para entender lo que pasó, lo que viví y lo que descubrí, para descubrirme a mí misma.

Y descubrirte a ti mismo es descubrir a la humanidad. Descubrir a la humanidad es descubrirse a uno mismo. Es lo mismo.

Como todas nuestras historias, la razón por la que estamos vivos es únicamente por este singular propósito. Descubrir y redescubrir la profundidad de lo que somos, alinearnos con ello y serlo, y luego dar nuestro amor, sea cual sea. Esa es la diversión más pura, la alegría más pura, el éxtasis más puro que existe, que llena y colma nuestro corazón y nuestra alma sin fin y sin medida, con una satisfacción y una saciedad totales y absolutas.

Uno de los mayores regalos de la vida.

¿Debemos honrar nuestra vocación?

¿Debemos honrar nuestros corazones?

¿Debemos honrar nuestro ser?

Conocer - Éxtasis. Bendición. Belleza.

Saber - Amor que arde de verdad.

Conocerte.

Siempre se trata de ti.

Así que este libro no trata de mí.

Es una historia sobre ti y tu viaje.

Así que, manos a la obra.

Tu historia

Se trata de ti, no de mí. Sin embargo, ¿somos tan diferentes? Podemos conocernos o no, pero respiramos, vivimos y sentimos. Las mismas emociones de herida, pena, dolor, alegría, felicidad y satisfacción cuando llega. Ese es el viaje humano, el viaje de todos nuestros seres mientras exploramos este mundo y, lo que es más importante, nos exploramos a nosotros mismos y lo más profundo de nosotros mismos mientras vivimos y respiramos. Esa es la gracia y la belleza de lo que significa ser humano y estar vivo.

Hablemos de nosotros.

Tú, yo y toda la humanidad. Gente.

Por muy diferentes que seamos, todos somos iguales. En el fondo, en nuestro corazón, desde el principio, fuimos bebés nacidos de nuevo en este mundo, bebés frescos con una pizarra limpia. A medida que vivíamos y crecíamos, adoptábamos las creencias de nuestra familia inmediata y de nuestro entorno, según nos las daban o nos las imponían, y luego las creencias que voluntariamente asumíamos por nosotros mismos.

A medida que crecíamos, aprendimos a desprendernos poco a poco de viejas creencias y pautas falsas para adoptar otras nuevas. O fue simplemente una liberación y una renovación hacia las verdades más profundas de lo que realmente somos. Ese sentimiento que todos sentimos pero que a veces no podemos comprender del todo, y nuestro sincero deseo de que fuera verdad, de que pudiera y quisiera ser verdad, de simplemente ser. Que siendo aspecto, en calidad, en lugar, en sentimiento, en tono, en vivacidad, en paz, en pasión, en pureza. Ese lugar feliz que todos tenemos en el fondo. ¿Puede ser?

Sí, así debe ser.

Una cosa es universal a lo largo de este viaje: independientemente de nuestras variadas circunstancias y condiciones de vida, llega un momento, si no muchas veces, en que sentimos un tirón dentro de nuestro corazón para escuchar al corazón. Sí. Así de sencillo.

Escuchar al corazón, la llamada del corazón, el tirón del corazón, el tirón del corazón son la misma cosa. Puede que uno no necesite vivir la experiencia que yo viví, pero independientemente de la situación, un tirón de corazón es un tirón de corazón. A eso se reduce todo. Honrar la voz superior interior. La voz profunda. La voz sagrada. Simplemente tu voz. La voz de tu corazón y de tu alma.

Sin embargo, ¿quién escuchará? A eso se refieren cuando dicen que muchos son los llamados, pero pocos los elegidos. Porque, ¿quién elegirá el amor mismo? ¿Quién elegirá el camino del amor? ¿Quién optará por escuchar a su corazón, signifique lo que signifique, cueste lo que cueste? Solo los valientes escuchan al corazón, los fuertes escuchan a su corazón y los valientes escuchan al corazón. Simplemente los verdaderos de corazón. Simplemente los llenos de amor. Simplemente los que están alineados con quienes son y se esfuerzan por serlo.

Y, en última instancia, ¿hay un coste más importante que el precio del alma? Porque eso es lo que es, siempre que nos negamos a nosotros mismos, nos deshonramos y no nos nutrimos ni alimentamos. Alineación parece una gran palabra, pero sólo significa escuchar a tu corazón. Todo el mundo lo complica todo en exceso. Hagámoslo sencillo.

Pero, ¡espera!

Entonces dices, ¡mi corazón dice muchas cosas! Tengo tantos pensamientos y sentimientos. ¡A veces no lo sé! Sí, por supuesto, pero más allá del pensamiento, hay una presencia subyacente, una profundidad si se quiere, que siempre cura, sana cada lugar y cada parte de nuestro ser hasta que somos libres. Un lugar, un espacio y una gracia más profundos viven dentro de todos nosotros. Ese es el espacio de tu corazón. Sí. El espacio de tu corazón.

Este lugar nunca te guiará mal. Siempre te guiará correctamente. No importa lo que sea. No importa quiénes seamos. No importa el nivel de conciencia que poseamos. No importa el nivel de conciencia en el que nos encontremos. Independientemente también de nuestro nivel de inteligencia. No importa. Hay un lugar y un espacio más profundo que todas las cosas que atan, y ese es tu corazón. Tu corazón habla en las entrañas, entre tus pensamientos, entre la profundidad del sentimiento, entre el silencio y la quietud; es tu saber.

Honrando cómo te sientes, no la mente caótica, sino la suavidad de la propia clase, que es la gracia que guía cuando podemos deponer las armas, deponer todo nuestro dolor, deponer todo lo que apreciamos, y elegir el camino amoroso. Entonces todo lo que es querido se nos da y se nos muestra, porque así son las cosas. Una vez que nos abrimos y nos rendimos, recibimos la maravilla y el esplendor de la eternidad.

Cuando vivimos en nuestro corazón, se resuelven muchos problemas y los problemas de nuestra vida se convierten en oportunidades que nos impulsan hacia nuestro mayor destino. El destino no es un concepto descabellado ni una petición intangible, imposible e improbable. El destino es decreto divino, pues ¿no eres divino y parte de lo divino? Sí. El destino está destinado a ser, porque es la llamada de tu alma. Las llamadas del alma nunca pueden negarse y siempre llegan a su debido tiempo. Es necesario honrar nuestro corazón para que brille de verdad.

Te ayuda a darte cuenta y a entender quiénes somos, lo más de lo que somos, la belleza de lo que somos de maneras tan profundas, simplemente porque tu corazón está abierto y abierto a la conciencia de lo que está aprendiendo en este momento. Más profundas que la lección de cada oportunidad, acontecimiento o reto, sino también las lecciones superiores, que son, de hecho, más que inestimables, intemporales. Todo en esta vida siempre echa raíces y tallos y te lleva de vuelta a casa, a casa, a tu corazón, al Cielo, y al dulce jardín siempre verde que siempre fluye, y ese es el viaje más verdadero. El mejor viaje. El viaje de toda la humanidad.

Simplemente, tu viaje de lo sublime, querida.

Una vez que nos fijamos en eso, todo el dolor se desvanece, porque entra en juego un conocimiento superior y una comprensión más profunda que dice que todo está bien. Finalmente, cada parte de ti está de acuerdo, acepta esta decisión y se libera y relaja en ti mismo. La verdad de quién eres en mayor medida. A cambio de esta fe, o a cambio de tu entrega, o a cambio de tu amor, viene también la gracia de ser en mayor medida.

A veces, la gente dice que elegir el camino del amor es demasiado complicado y me cuesta demasiado. No vale la pena, o tengo miedo. Bien. Está bien. A veces, crecemos en entornos que no favorecen los pensamientos amorosos ni alimentan nuestro bienestar.

Cuando no nos lo enseñan o no lo vemos en nuestro entorno familiar, no podemos modelarlo en nosotros mismos y en nuestras vidas porque no tenemos una comprensión de base. La energía de lo que nos falta, la negación del amor de una forma u otra, se acumula con el tiempo y acaba expresándose a través de diversas manifestaciones en nuestra vida. Todas las representaciones de las diversas áreas de crecimiento que nuestra alma está pidiendo. A veces, el aprendizaje es leve y mínimo, y a veces, el aprendizaje es mordazmente complejo.

Está bien. Lo está. Todo tiene un propósito superior y sirve a tu bien mayor y al del conjunto. No importa cómo nos hayan educado o las circunstancias de nuestra vida, en el fondo, todos sentimos cuando llega el momento. Sentimos más allá de los sentimientos superficiales, sino la profundidad de los sentimientos. Existe esa parte de nosotros que es como todo lo que es. Esa parte en la que sabes las respuestas. Esa parte en la que sabes qué es lo correcto. Esa parte en la que sabes cuál es la respuesta o acción amorosa. Esa parte en la que sabes que esto es lo que quieres hacer, por mucho miedo que te dé. O incluso si nada de esto se aplica a ti en ese momento, el hecho de que permitas sentir significa que estás abierto a los susurros de tu corazón, lo cual es un milagro y todo lo que cualquiera necesita y puede hacer.

Dios bendiga a todos los que caminan en este viaje de sanación interior, autodescubrimiento y mucho más. Ese es el camino: un camino múltiple. No existe un único camino. Simplemente viviendo, todo es inevitable, y esa es la verdadera, pura y absoluta gracia de lo que es. Nuestro simple deseo de paz para salir del dolor o el deseo de más es la chispa que también desencadena el viaje. Una vez que empiezas, ya no puedes volver atrás. Una vez que has probado ese bocado de bondad, la bondad y la verdad de lo que eres, esa cualidad intemporal, toda tu vida cambia. Es una madriguera de conejo que nunca podrás dejar de ver. Ni lo desearías.

Que elegirías esta, esta vida y este viaje al igual que mil otras vidas porque el aprendizaje de esta experiencia de vida es tan invaluable, delicioso, deleitable y simplemente tan rico que quieres saborear cada bocado porque ahora sabes que cada bocado inmaculado contiene tanta bondad para desempacar. El tipo de bondad que puede iluminar una vida para las vidas venideras. Porque ilumina el mundo entero para siempre. Sí, ya está hecho.

¿Qué dice ese refrán? Una vez que empiezas, ¡no puedes parar! ¡Igual que las Pringles! Sí. Una vez que estás siendo pops en la conciencia superior, la profundidad de su corazón, nunca se puede volver. Claro, podemos oscilar aquí y allá. La única manera de encontrar la paz en la vida, la única manera de encontrar la alegría en la vida y la única manera de encontrar la plenitud en la vida es vivir por y a través del corazón. Es un verdadero retorno al amor y al amor incondicional.

Ese es el destino de toda la humanidad.

Ese es el camino de la iluminación.

Ése es el único camino en el que estamos realmente.

Sí.

Y en realidad, la verdad más profunda es que todos recorremos este camino. Podemos etiquetarlo de espiritual o no. Las etiquetas son irrelevantes, y las etiquetas nos atascan. Es aprender a aceptarnos, hacer las paces y amarnos incondicionalmente. Eso es lo más profundo que hay. Ese es el núcleo de lo que somos. Ese es el camino. Ese es el camino del amor.

Independientemente de lo que hagamos, del trabajo que tengamos o de dónde estemos situados en el mundo, cada disgusto y experiencia nos lleva de vuelta a casa, a lo que somos, si se lo permitimos. De este modo, es más profundo que un viaje espiritual, sino honestamente, el viaje universal de la realidad más profunda de todo lo que verdaderamente es, si lo elegimos y lo permitimos. Elegir el amor mismo. El camino del amor. La elección amorosa.

Lo que significa elegirte a ti.

¿Qué significa elegirte?

Honrarte.

Honrar tu voz.

Honrando tu amor.

Honrar lo que eres.

En todo lo que eres.

Eso es lo que significa elegirte a ti.

Te permitirás ser tú mismo y liberarte en este mundo tal y como eres. El amor encarnado. La dirección de tu alegría depende de ti; una elección deliciosa según la elijas desde tu corazón y tu alma. Esa es la belleza pura y absoluta de la vida. La libertad de ser y elegir nuestra realidad, el éxtasis y la inmortalidad. Honrando nuestro amor y dándolo. La liberación de nuestro amor.

Porque con amor, todo lo que nace con y del amor perdura y vive mucho después de que nos hayamos ido. Porque la verdadera naturaleza, energía, profundidad y amplitud del amor es tan profunda, que todo el Cielo y la Tierra cosechan hasta los confines del tiempo mismo.

Así de profundo eres, querido.

Ten fe, avanza en la fe, avanza en la gracia, avanza en el amor, y sabe que eres divino, y que tu vida es divina, y que caminas con lo divino. De esto puedo estar seguro y sé que es cierto.

¿Cómo encontró David la fuerza y el coraje para enfrentarse a Goliat contra pronósticos indescriptibles y desesperados? ¿Cómo encontró Gandhi la fuerza y el coraje para mantener la alegría irresoluta, el servicio y la determinación inquebrantable en su corazón mientras se enfrentaba a todo un régimen? ¿Cómo es que la madre Teresa no se cansó de servir al mar infinito de toda la humanidad a lo largo de su vida, como está escrito en sus diarios? Sí.

¿Cómo ha podido alguien encontrar la fuerza y el valor para enfrentarse a sus demonios, pruebas o alegrías más profundas, dentro o fuera? ¿Cómo ha podido alguien comprometerse con su camino cueste lo que cueste? Se necesitó la gracia de la fe, ya que permitieron que entrara en su corazón y actuaron desde su conocimiento superior por su causa, la causa que encendía su alma en llamas. La fe es el puente entre los sueños y la realidad. Siempre somos el autor y el consumador de nuestra fe. Con eso, siempre hay gracia divina.

Eso es.

Con un propósito claro ardiendo en su alma, sólo hay un camino a seguir. Cuando lo sentimos arder en nuestro ser, no puede haber otro camino que ese.

¿Cuántas veces sentimos ese ardor en nuestro interior? Puede adoptar diferentes formas, pero todos lo sentimos. Puede ser tan simple como una punzada en el corazón. Cuando oímos nuestra voz interior decir, oye, aquí deberíamos ser más amables o elegir ser considerados y preocuparnos. En esa fracción de segundo, decidimos. En esa elección, en ese momento de decisión, en esa microdecisión que va más allá del pensamiento y se reduce al sentimiento, elegimos nuestra suerte y nuestro destino. Así se construye desde más allá del nivel del pensamiento.

No se trata de los grandes momentos. Se trata de todos los pequeños momentos. Es más profundo que los pequeños momentos. Se trata de todos los momentos que nadie ve ni conoce. Todos los momentos que sientes dentro y eliges dentro de ti. Llega hasta ahí. Es en el nivel del sentimiento y la vibración, nuestro propio ser, y el estándar en el que sostienes tu ser, lo que se convierte en nuestro carácter. Todo surge de ese lugar. Nuestros pensamientos, actos, acciones, elecciones y vida. La calidad y el calibre de nuestra vida. La cantidad de alegría que sientes estallar a través de tu propio ser todos los días de tu vida y más.

Todo de las cosas que nadie sabe ni ve. El nivel de tus sentimientos y honrar tus sentimientos. Los sentimientos más allá de los sentimientos en la profundidad del sentimiento mismo. No nos referimos a los sentimientos frívolos que van y vienen, ni a los pensamientos o acciones, sino a la intención más profunda de mantener tu espacio interior con la máxima consideración y cuidado, lo que significa hacer el trabajo interior. A través de esta liberación y facilidad continuas, todo surge de forma natural. Donde el amor brota con más fuerza, donde la paz y la pasión vienen a bailar y jugar, y entonces la tremenda alegría se abre paso para decir ¡hola!

¿Cuál es la verdadera medida del éxito?

¿Es dinero, fama o algo tangible y de este mundo? No. El verdadero éxito es la alegría verdadera y desenfrenada. Cuando sentimos eso, hemos conectado con la esencia misma de nuestro ser. Porque tú eres eso. Sí, tú eres lo que has estado buscando todo el tiempo. Ya está dentro. Ya está ahí. Ya está ardiendo, palpitando y creciendo. Nuestra voz interior, nuestra conciencia, nuestro corazón.

Y con el corazón, independientemente de nuestro nivel de conciencia en ese momento, así es como expandimos y despertamos nuestra conciencia, y viceversa. Independientemente de nuestro nivel de conciencia en ese momento, así es como expandimos y despertamos nuestra conciencia. Nuestra conciencia y nuestra conciencia consciente crecen significativamente, y entramos en nuestro corazón o conciencia superior y dejamos fluir la sabiduría innata. Porque el amor es eso. No hay nada más grande que el amor. No hay nada más grande que la verdad de quién eres, porque tú también eres este gran amor.

Sí.

Tú eres ese gran amor que has estado buscando y rebuscando. Eres tú, no fuera de ti, sino dentro de ti, como tú, simplemente tú.

Hablando de felicidad y paz, todos quieren la paz si la tienen porque algunos no la tienen. Esa es la verdad. No estamos preparados hasta que lo estamos, y en esto no hay juicio, vergüenza ni culpa para uno mismo ni para los demás. Reflexionando sobre nuestras vidas, encontramos la compasión para empezar a comprender. Ahh, sí, ahora lo veo. Por aquel entonces, no estaba preparada para escuchar la verdad; no estaba preparada para empezar. No estaba preparado para nada de esto. ¿O no podía ver? Pero no pasa nada.

Todos los periodos de nuestra vida son necesarios, de lo contrario simplemente no lo serían. No hay de qué avergonzarse. También es gracia y dicha. Ese es el viaje. No solo tuyo, sino de la conciencia. ¿Cómo puede crecer si no vivimos?

Y viviremos.

Supongamos que llevas un tiempo en esto. En ese caso, ya te has adentrado en la madriguera del conejo del desarrollo personal, la psicología, la filosofía e incluso la vertiente espiritual. Lo comprendo. Yo también lo hice. Siempre he creído en estar abiertos a escuchar nuevas ideas, pensamientos, enfoques, maneras, personas, modos y modalidades, y decidir qué es lo que resuena con nosotros en nuestras vidas y en nuestra forma de ser, no sólo con esto, sino con cualquier cosa y con todo.

Así que, en este viaje, independientemente de dónde nos encontremos en nuestra exploración, a menudo la verdad presentada en cualquier forma está repleta. Es mucho que asimilar y procesar, dependiendo de dónde nos encontremos dentro de nosotros mismos. Esta idea solía rondarme por la cabeza. ¿Cómo iba a aprenderlo todo? Pero ni siquiera tienes que preocuparte de si lo estás absorbiendo todo plenamente porque sólo captamos aquello para lo que estamos preparados vibracionalmente, es decir, lo semejante atrae a lo semejante. Recogemos las pepitas de oro mejores para nosotros en ese momento como el tú que eres, simplemente perfecto para y por tu persona, lo que te impulsa a tu siguiente nivel de ser. De este modo, todo queda solucionado.

No necesitas preocuparte si estás haciendo un buen trabajo, si no estás haciendo lo suficiente, si no lo estás consiguiendo todo, o cualquier cosa que se le ocurra a la mente para intentar hundirte en la energía del menos que.

Todo está realmente bien.

¿Quiere saber cómo alcanzar su máximo ideal?

Empiezas por donde estás.

Sí. Ya está. Así de sencillo. Por no hablar de que es lo mejor que cualquiera de nosotros puede hacer humanamente en la vida. Si elegimos honrar el camino del amor y vivir por y a través del corazón, ¿se abren puertas milagrosas, tanto dentro como fuera? Como en los cuentos de hadas. Esto, lo prometo.

Y en pocas palabras, eso es el viaje.

Te honro en tu viaje.

La historia de toda la humanidad

Este ha sido el camino de la humanidad desde los albores de los tiempos. Siempre ha sido así. Incluso ahora. Lo seguirá siendo hasta el fin de los tiempos y mucho después, porque el amor es eterno.

Cómo cada generación y grupo de almas aporta su energía, la energía de su ser único. Entonces, juntos, al compartir nuestra energía, nuestro corazón y nuestro amor con el mundo, moldeamos y remodelamos este mundo, desde los acontecimientos más micro hasta los acontecimientos mundiales, sólo con nuestra energía, porque cada acción es consecuencia de nuestro estado interno. De este modo, cada persona contribuye al bienestar de toda la humanidad simplemente con el poder de su amor, la alineación y el uso de su energía, y su paisaje interior. No creemos que desempeñe un papel, y no creemos que nosotros desempeñemos un papel, pero en el fondo sí lo hace, y tú también. Así de poderosa es cada persona.

La paz mundial empieza en casa, a las puertas de nuestra mente y nuestro ser. A medida que calmamos nuestra mente, liberamos nuestro corazón y damos rienda suelta a nuestra alma, naturalmente elevamos nuestra vibración y abordamos y afrontamos la vida de forma diferente, simplemente porque somos personas totalmente nuevas. Así de profundos son los cambios vibracionales. Así de profunda es la energía del amor. Así de profunda es la verdad de quién eres.

Seamos realistas: cada vez que finalmente liberamos una creencia limitante, no importa cuán grande o pequeña sea, porque se ha practicado durante bastante tiempo, siempre es una gran liberación dentro de nuestro ser. Así se siente. Es un nuevo soplo de aire fresco para ti y para todos. Cuando salimos al mundo, nos convertimos en luz para los demás, no porque queramos o tengamos que hacerlo, sino porque lo somos por naturaleza.

A menudo, o a veces, pensamos que la vida es injusta. Nos preguntamos por qué nos ha pasado esto, si las cosas hubieran sido diferentes, si no hubiera nacido así, si hubiera nacido en una familia diferente, o cualquier otra historia que nos contemos repetidamente. Todo se reduce a la elección. Incluso antes de eso, aprender que tenemos elección. Elección en la materia para elegir siempre de nuevo en todas las cosas. Un nuevo camino. Un nuevo pensamiento. Una nueva vía. Una nueva forma de ser. Simplemente un nuevo tú. Sí. Cuando reclamamos nuestro poder y nos adentramos en la verdad de lo que somos y lo más de lo que somos, el resultado es simplemente interminable, ilimitado y abundante.

Siempre tenemos elección en todo. Sin embargo, a veces lo olvidamos porque todos somos humanos. Cuando nos apoyamos en nuestra fe por encima del miedo, las opciones surgen de forma natural. La opción de elegir un camino mejor. La elección de elegir la bondad. Amabilidad hacia los demás pero, sobre todo, hacia uno mismo. La elección de elegir el amor. La elección de elegir la alegría. La elección de vivir, signifique lo que signifique para ti. No la vida que has estado haciendo, sino el tipo de vida que excita tu ser, te llama, y por lo tanto te lleva más alto. Cuando por fin eliges, las cosas se aclaran, notablemente, si no cristalinamente.

Toda nuestra vida gira en torno a la elección. Eres un creador, el creador de tu realidad. El mago, el alquimista, el hacedor de milagros. Porque cuando por fin elegimos con el corazón, ahí reside el milagro. La elección y el factor milagroso, si no decisivo, para cada persona sobre cómo quiere vivir, quién quiere ser y cómo quiere mostrarse en sí misma y en el mundo. Siempre son las dos cosas. Nuestra realidad exterior es siempre un reflejo de nuestra realidad interior.

Así que, dicho esto, cuando trabajamos con nosotros mismos, creamos un efecto dominó por el mero hecho de estar solos. Entonces, la energía con la que nos alineamos crea más efectos dominó. Es interminable cómo una gota puede afectar a todo el océano, al igual que el océano afecta a la gota. Estamos atados y unidos, más que por la sangre, por el espíritu.

Si uno eligiera la compasión, la amabilidad, la consideración y el cuidado, si uno eligiera el amor, qué diferencia habría. Una diferencia monumental en tu vida y en el curso de tu vida y, por extensión, en tu mundo y en el mundo en general. Porque todos estamos conectados y todos somos uno.

Nos reforzamos mutuamente o nos debilitamos.

Nos levantamos unos a otros, o rompemos el lazo que nos une.

Pero en lo que nadie piensa,

Es cómo ese vínculo es inextricable.

Porque simplemente es como todo lo que es.

Simplemente y tal como eres.

Algunas cosas nunca pueden romperse.

Y este es uno de ellos.

Tú y tu espíritu.

Tú y tu luz.

Tú y tu amor.

Tú y toda la humanidad

Tú y toda la divinidad.

Estas son las verdades eternas.

Todos estamos conectados y todos somos uno.

Y no importa cuál sea tu fe.

Nadie puede negar el milagro de la vida.

Es decir, el milagro.

El milagro que eres.

El milagro que nos une a todos.

Tenemos aire en los pulmones y un latido en el pecho.

¿Cuál es esa fuerza que nos mantiene en pie?

¿No es un milagro en sí mismo?

Y a medida que elevamos nuestra conciencia, elevamos nuestra conciencia colectiva. Es como una sopa fundente, un crisol de energía. El corazón y el alma de cada persona juegan un papel en la gran sopa de la vida, donde la profundidad del amor puede nacer y dar a luz desde un punto de vista más elevado, llevándonos a todos más lejos, más alto y más profundo que nunca.

Y a medida que más gente se elige a sí misma, el amor o la paz. Lo eligen para toda la humanidad simplemente trabajando sobre sí mismos. Teniendo el coraje de trabajar en nosotros mismos, ayudamos a toda la humanidad a hacer lo mismo, simplemente en el ser vibracional solo. Cualquier otra cosa que elijas hacer es un regalo para el mundo. Por ahora, estás en sincronía vibracional y armonía con la verdad de quién eres y lo das. Tu más profundo amor. Tu mismísimo amor. Simplemente todo tu amor. En cualquier empeño que elijas, defiendas o incluso disfrutes.

Por ahora, se trata del verdadero disfrute de lo que es. Se acabaron los filtros. No más distracciones. No más contracciones. Simple, puro y verdadero. Es todo lo que eres. En todo. La obra de tu vida. Ser tú. Lo sabes. Y da tu amor. La vida es así de sencilla. Nada más.

Nuestra energía colectiva se suma al todo a través de este servicio, el servicio de tu propia vida y tu alegría. Elevamos la conciencia de toda la humanidad. Sí, es un servicio, pero también es un honor y un privilegio estar aquí ahora en este momento y lugar como lo estás tú. Recuérdalo. Porque en todos los sentidos, esta es la mayor verdad, porque tu vida es sagrada, espacio sagrado y terreno sagrado para que lo sagrado cante y resuene.

Sostengo amorosamente esta fe por ti, porque sé que esto es verdad sin ninguna duda; tú eres eso, lo que eres.

Porque una persona conoce a otra conoce a otra. Todos nos encontramos en momentos y lugares diferentes, teniendo en cuenta quiénes somos y dónde estamos ahora. Esto siempre ha sido así, pero ahora habrá más gracia, paz y presencia. La verdadera gracia y belleza de esto. No hay palabras para describir la belleza divina de todo lo que es y de todo lo que tú eres, y de reunirnos de esta manera. Qué verdadero honor tener un efecto o ser afectado por aquellos que conoces y compartir un momento precioso.

Y así, con cada generación, a medida que más personas valientes, personas como tú eligen amar, eligen ellos mismos, la paz, la alegría, la fe y la bondad. Juntos, afectamos a este mundo por ahora; cuando nos encontremos con otros, no transmitiremos el comportamiento inconsciente de nuestros antepasados y generaciones pasadas; el ciclo de la violencia del alma o del hacer inconsciente se detiene contigo. Contigo, das a luz una nueva semilla kármica y un nuevo ciclo dentro y hacia aquellos que tocas, y siempre tan dulcemente, la gracia nace de nuevo.

Ese es el profundo efecto y milagro llamado tú, la vida y todo lo anterior. Ese es el poder curativo del amor, y ese es el poder curativo de lo que eres. Por último, es decir, quién eres.

Tú eres amor.

El camino de cada persona, sea como sea, es el mismo camino. Para reclamar nuestro amor. Ser este amor. Dar y ofrecer este amor a nosotros mismos y al mundo. Ese es el objetivo más elevado. La mayor alegría. El mayor honor. El mayor honor que uno puede alcanzar es ser y respirar. Porque honrar nuestro amor es su recompensa. El nacimiento de nuestra belleza y la contribución a nuestra belleza colectiva a gran escala, empezando por ti, querido. Sí. Tú.

Solo para ser nosotros mismos verdaderos.

Porque has sido tú quien ha iniciado la reacción en cadena.

De curación, crecimiento, autodescubrimiento y amor.

Que Dios te bendiga por todo lo que haces.

Que Dios te bendiga en tu viaje.

Dios te bendiga, mi amor.

Puede que no haya nadie más que entienda esta pasión.

Pero yo sí.

Y te honro.

No estás solo.

Porque todos estamos juntos en esto.

Tú, yo y toda la humanidad.

Esto por encima de todo. Lo sé con certeza, querido.

Sé que esto es cierto.

Somos afines, tú y yo.

Mantén la fe.

Y el amor tendrá su momento.

Pues ya lo ha hecho.

En nuestros corazones.

Es simplemente una cuestión de tiempo.

Y gracias a ti y a nuestra conciencia colectiva, elevamos la vibración de la humanidad no solo ahora, sino para siempre. Piénsalo. Una persona que no se siente tan mal consigo misma. Eso es profundo, si no un condenado milagro. Esa es la energía que dan y ofrecen al mundo porque eligen trabajar en sí mismos.

Cuando trabajamos en nuestra curación, curamos al mundo.

Capitulo tres

El viaje

"Quiérete a ti mismo primero, y todo lo demás caerá en línea. Tienes que quererte de verdad para conseguir algo en este mundo". — Lucille Ball

El viaje al despertar en pocas palabras

Este es el viaje y la experiencia más natural de nuestra vida. Es inevitable. Todo lo que tenemos que hacer es vivir y, con el tiempo, la vida nos lanzará bolas curvas que nos inspirarán a desear más, ya sea más claridad, paz, alegría, bienestar, centralidad, determinación, fuerza, comprensión o más amor. Sea lo que sea, simplemente es.

Podemos o no poner en práctica estos nuevos deseos de inmediato. Sin embargo, con el tiempo, todos empezamos a mirar hacia dentro porque nos damos cuenta de que la única forma de encontrar la felicidad es trabajando en nosotros mismos, en cuerpo, mente, corazón y alma. Es mucho. Pero, ¿quién no quiere más alegría en su vida? Y más profundo que la alegría, debajo de cada deseo hay un deseo más profundo que aún no hemos nombrado pero que siempre reside.

¿Queremos la nueva casa, el trabajo o el ascenso por lo que es o nos va a dar? ¿Y qué aporta la abundancia de cualquier forma y tipo? Más tiempo, libertad y oportunidades para compartir y disfrutar con los seres queridos. ¿Con qué fin? ¡Simplemente por más amor y alegría! Amor, amor propio y amor a tu alrededor.

Puede que no lo llamemos específicamente el viaje del despertar, pero inadvertidamente, lo es. Cada vez que vamos a nuestro interior para encontrar, crear y liberar una medida de paz, amor o cualquier bondad que nos esforcemos dentro o fuera, ese es el viaje. Es la liberación de lo que somos.

Cualquier esfuerzo verdadero del corazón produce esto, una especie de despertar. A medida que continuamos honrando nuestros corazones y alineándonos con la profundidad de lo que somos, nuestros deseos, anhelos y sueños más profundos surgen de forma natural. Nos pasamos la vida buscando el tipo de iluminación que hemos anhelado simplemente viviendo, siendo y siendo fieles a ti.

Esta es la verdadera belleza y la gracia de la humanidad y lo que simplemente es. Viviendo, nos guiamos si sólo escuchamos a nuestro corazón. Nos guían a pesar de todo, pero todo está siempre ahí y sólo magnificado. Uno no puede sino sonreír de alegría y regocijo, cuando no de puro ensueño, al sentir esta verdad sagrada.

Cada persona que conoces está en el viaje de su vida, el viaje de su corazón y de su alma, el viaje para cobrar vida. Qué hermoso es; a medida que permitimos lo que permitimos y vemos lo que surge y surge desde dentro y desde fuera, siempre es la belleza de lo que somos lo que brilla. En este camino, vida y viaje, nunca hacemos nada solos, ni caminamos solos por este sendero, por muy solos que estemos. La fe y la confianza son como hermoso polvo de ángel. Nuestro corazón nos conecta con el Cielo y más allá, con el universo y más allá, con la humanidad y más allá, con la eternidad y más allá, y con toda la divinidad y más allá. Nuestro corazón es la puerta central de todo. Todo lo posible, lo imaginable, lo inimaginable y mucho más. Sencillamente, no hay fin para el más de todo lo que es, ya es y es ahora mismo. Luego, sí, más, incluso más allá.

Por lo tanto, honrar y apreciar a todos los que conoces. Dondequiera que estén, están. Igual que tú estabas donde estabas hace tantos años y estás ahora mismo, nosotros estamos donde estamos, o no sería así, y no pasa nada.

Sin embargo, podemos sentir al respecto cuando podemos liberar el juicio crítico de uno mismo, podemos liberarlo de los demás, y ya no te mantienes a ti mismo o a los demás en la esclavitud consciente o inconsciente y el comportamiento. O cuando podemos vivir con compasión por nosotros mismos, podemos mostrársela a los demás. Porque emanamos lo que somos, y eso es lo que damos. Por no hablar de aligerar en ti mismo y dar a los demás la libertad de ser lo que un regalo profundo y no tiene precio para que se necesita presencia real. De cualquier forma. Toda la humanidad, cada persona que conozcas, está en un viaje sagrado, el viaje de su alma hacia el recuerdo de la totalidad. El conjunto de todo lo que son y el conjunto de todo lo que es.

Y con respecto al cambio y a mejorar nuestras vidas, todos queremos cambiar si o si, pero a veces no lo hacemos, y eso también está perfectamente bien. Si eres feliz y las cosas van bien, ¿por qué demonios querría alguien cambiar? Y con razón. Ese es el lugar perfecto para estar, porque es pura alineación. A medida que vivimos y crecemos, con el tiempo, todos nos encontramos con el deseo de hacer las paces, liberar nuestros condicionamientos y alcanzar la profundidad del ser de una forma u otra.

Entonces, por supuesto, cuando estamos tristes, se hace evidente que algo debe cambiar. Debo cambiar. No sé lo que es, pero estoy dispuesto a averiguarlo ahora; estoy dispuesto a intentarlo ahora, te dices a ti mismo, y lo dices de todo corazón. Solo estamos preparados cuando lo estamos. Al reflexionar sobre nuestras vidas, empezamos a ver lo cierto que fue esto para ti en tu camino.

Y luego, para algunos de nosotros, independientemente de la alegría o el dolor, o a través de un deseo o anhelo más profundo, puede que incluso queramos despertar, alcanzar la iluminación y conocer la versión más elevada de nosotros mismos en la que somos libres. La clase de libertad de la que muchos han hablado y por la que han hablado y por la que han hablado durante siglos y siglos. Si era cierto entonces, ¿es posible que lo sea ahora? ¿Puede ser cierto para mí? ¿Puede ser mi realidad? Empiezas a preguntarte y a soñar.

Sueña con la alegría, el éxtasis, la dicha y la realización pura en esta vida y en toda la vida. El amor que tenía Rumi, ¿puede arder también en mi alma? Y en el fondo, eso somos todos nosotros. Nos lo preguntemos conscientemente o no, eso es lo que todos queremos. ¿Quién no tiene el deseo innato de superarse a sí mismo y a su vida y saber por fin lo que significa vivir y cobrar vida? A un amor más allá del amor más allá del amor mismo.

No el vivir que se ve en la televisión o en las redes sociales, donde todo se retrata y se exhibe como si fuera un desfile, sino el vivir donde se siente en el alma, palpitando con alegre juego. Más profundo que tu corazón, o más bien junto con tu corazón, tu corazón está tan abierto; lo sientes arder en tu alma, bailando libre, danzando en éxtasis salvaje. Sentir la pura y total gratitud de la alegría de ser y vivir es simplemente la alegría de todo. Ahora bien, palabras como amor, gratitud y alegría son más que palabras, pero tienen peso y adquieren vida propia, porque son sinónimo de tu nombre, pase lo que pase.

Sí. Pase lo que pase.

Eso es mucho decir porque significa que honrarás a tu corazón, signifique lo que signifique, y serás para ti. Honrarás el amor que sabes que es verdadero, aunque no lo sepas del todo. Por lo tanto, honrarás cómo te sientes lo mejor que sepas. Eso significa honrarse a sí mismo, es decir, amarse a sí mismo. Que así sea.

Ahora has crecido lo suficiente para llevarlo a cabo, sin importar el costo, pues no hay costo más significativo que tu alegría y el gran fuego del amor que arde en tu alma. Este fuego alimenta tanto tu paz como tu pasión y te mantiene caliente todos los días de tu vida. Este es el gran fuego que iluminó el cielo nocturno desde el amanecer de los tiempos, el fuego eterno que calienta incluso la más fría de todas las noches, que pone el brillo y el resplandor en los ojos de alguien que brilla tanto como el sol. Eso es algo que el dinero no puede comprar. Eso es lo que todo el entretenimiento y los medios de comunicación intentan copiar, transmitir y capitalizar. Emular, que es lo mismo.

Ya sabes, cuando se trata de un acto, o alguien ha encontrado ese algo especial, ese algo intangible, esa cualidad especial, esa chispa mágica, ese factor X, si se quiere, que le diferencia de todos los demás. ¿Son mejores o peores que usted o cualquier otra persona? No. Simplemente dejaron de fingir y empezaron a ser dueños de su verdad, su belleza, su amor, sea lo que sea lo que eso signifique. La autenticidad genuina, más allá del significado de la palabra, es una energía que todo el mundo siente cuando profundiza en el ser. Les conmueve. Al fin y al cabo, les libera porque, en el fondo, también es lo que son y una llamada a lo que son. El surgimiento del fénix interior, el gran amor que gotea el amor más puro y canta como una paloma. La marea creciente que levanta y eleva a toda la humanidad.

Ese es el poder de la presencia pura, cruda e incondicional. Presencia del alma. Presencia del corazón. Presencia del amor. Sí.

Pero, por desgracia, sólo estamos preparados cuando estamos listos para iniciar el viaje interior. Pero, por desgracia, sólo estamos preparados cuando estamos listos para iniciar el viaje interior. ¿No es éste también el viaje? Entonces quizás estés, estamos, en ese viaje interior. Simplemente viviendo, todo sucederá. Todo es realmente inevitable por muchas razones. Resulta especialmente inevitable cuando vivimos por y desde el corazón. Entonces, está hecho mucho antes incluso de que haya empezado. Todo era y es una realidad vibracional antes de manifestarse en esta realidad de tiempo y espacio.

Pero volvamos al despertar.

Este ideal ha adoptado muchos nombres, formas y figuras a lo largo del tiempo, el espacio y la cultura. Simplemente, el honor de la vida: nuestra vida y el honor de toda vida, simplemente el honor del amor mismo. Sí, es un verdadero honor honrar nuestro amor y dar nuestro amor y alegría. Todos sabemos que la gente lo desea, pero más que desearlo, es un verdadero honor y un privilegio.

Cada fe, cultura y tradición expresa esta belleza a su manera. Podemos ser llamados a una representación particular de esta gracia en exhibición que nos llama y más, el anhelo más profundo en nuestra alma que desea ser. Si lo resumimos, todo es lo mismo. Vivir por y desde el corazón. De este modo, te liberas y eres divinamente todo tú. Sí, radicalmente tú. Signifique lo que signifique.

¿Y es tan radical, o es lo más natural?

La cuestión de encontrar la paz en esta vida y hacer nuestro trabajo interior, aparte de los beneficios que ya aporta, es ésta. A medida que liberamos todos los viejos comportamientos y los focos de inseguridad que surgen en nuestro interior, se despeja y se crea el espacio para que aparezcan más cosas; cuanto más surjan en nuestro interior, más comenzarán y finalmente.

Ese más eres tú, enterrado en lo más profundo. Como el ave fénix que resurge de las cenizas de todo lo viejo para reclamar la totalidad de todo lo que es. Todo lo que es bueno, todo lo que es verdadero y todo lo que eres tú. Simplemente hay mucho de lo que eres y de la profundidad de lo que eres.

Entonces. ¿Cuál es la eterna pregunta?

¿Quién soy yo?

Esa es la pregunta de toda una vida sobre la que se puede reflexionar eternamente. En realidad, todo lo que tienes que hacer, todo lo que tienes que hacer, es ser tú mismo. Con cariño, mírate al espejo y apréciate. Esa energía crea y llama a un profundo comienzo de verdadera alineación y conexión con uno mismo y con el alma. Una vez que tenemos una conexión más clara, una vez que has limpiado las cosas que ya no sirven en ningún margen o grado, o en cambio, a medida que continuamos haciendo nuestro trabajo interior, porque ese es realmente un viaje de por vida para cualquiera, ya nada te bloquea de ti. Tu profundidad. Tus deseos, anhelos y sueños más profundos.

Simplemente tú.

Y el corazón mismo de ti.

Encontrar el manantial de amor que siempre está fluyendo y fluyendo, constantemente burbujeando, y cantando, y desbordándose a todas las partes y lugares de tu ser, tanto dentro como fuera, y en tu realidad de tiempo y espacio. Es una clara representación de la realidad. Cuando veas con los ojos del amor absoluto, ama incondicionalmente. Amor por todas partes. Amor que reverbera y resuena.

El amor es la vibración más alta que existe, por no hablar de la única cosa que es. A medida que cultivamos este espacio dentro de nosotros, liberamos, realizamos y reconocemos este espacio dentro de nosotros, este amor nos conecta con el más allá. Sea cual sea nuestra fe, nuestro amor nos conecta con las profundidades de toda eternidad, humanidad y divinidad. Simplemente todo.

Porque no hay nada que el amor no toque.

Y sí, tú formas parte de este gran amor.

Tú eres este gran amor.

Arde dentro de ti.

Esperando a pasar.

Y, en realidad, ya lo hace.

Y a medida que hacemos nuestro trabajo interior y sanamos todos los lugares rotos y aterradores, esta eventualidad lo es aún más.

El nacimiento del amor mismo.

Como tú.

Sin embargo, con frecuencia, especialmente en la comunidad espiritual, todo lo que se ve es gente meditando o haciendo yoga o hablando de meditar y hacer yoga. ¿Dónde está el amor y las muchas discusiones sobre cómo arde en tu alma como nada lo ha hecho antes, el fuego que te devuelve a la plenitud y totalidad de todo lo que es? También conocido como la apertura del corazón.

Cuando la gente piensa en espiritual, sólo piensa en eso y nada más. Piensan que se trata de aprender a silenciar la mente, en lugar de la verdadera vida profunda y vibrante.

Piensan que es algo que está fuera de ellos o que no es para ellos. Creen que se trata de gente sentada cantando kumbaya y sin hacer nada con su vida. Lo piensan frente a la realidad visceral y probada que te deja sin aliento.

Y para algunos, sólo se trata de hacerse fotos meditando o haciendo yoga frente a realizar un trabajo significativo y enriquecedor para el alma. No hay nada malo en ello, porque estamos donde estamos, y resonamos con lo que resonamos, porque todo es una elección sobre cómo elegimos vivir nuestra vida.

Meditar es esencial, y hay toda una filosofía yóguica detrás de ello. Es cierto. Es cierto. Esta es la razón. Sin embargo, hay muchos caminos hacia el mismo lugar y más formas de gracia de las que uno pueda nombrar. Ser espiritual no es una etiqueta ni una idea, frase o fase, filosofía, ideología, ni nada de eso; es más profundo que todo. Es lo que eres. Es tu naturaleza. Así es como vivimos y respiramos. Así funcionamos. Es una función innata del ser, como respirar. Si escucháramos a nuestro corazón, así sería. La espiritualidad no es algo que haces; es algo que eres.

El objetivo de encontrar la paz, el camino espiritual y el viaje interior es que te pongas en contacto con las pasiones de tu alma: o simplemente la alegría, la vitalidad, el fuego, la vitalidad, simplemente la luz. De la paz o la quietud que permitiste y creaste a través de tu trabajo interior surge la pasión, ya sea una verdadera pasión o simplemente la pasión por la vida y por vivir que arde. El tipo de fuego que te enciende. La convicción o curiosidad que te impulsa a emprender acciones inspiradas cuando eliges qué bien traer a tu vida.

Ya nada se interpone en tu camino. Todo el ruido ha desaparecido. Todos los bloques inferiores, los patrones menores y las emociones menores desaparecen. Estás en la tierra de tu ser, y qué lugar tan maravilloso es ese. Ahora, tu verdadera naturaleza, esencia y corazón te llaman y te hablan para que escuches, sientas, saborees, toques, huelas y sepas que es verdad. Lo divino que hay en ti ha tenido la oportunidad de cantarte y te canta.

¿Qué dicen?

Pueden decir cualquier cosa.

Creemos un código increíble, hagamos algo de jardinería y punto, escribamos ese libro, creemos una obra de teatro o una película, hagamos stand-up comedy, empecemos a cantar, tomemos clases de guitarra y obtengamos ese título de ingeniería que siempre quise.

Sea lo que sea, lo es. Todos tenemos diferentes pasiones, alegrías, amores, intereses, curiosidades y llamadas que nos hablan. A todos nos gustan cosas distintas, y eso es maravilloso porque es lo que cada uno tiene que aportar, compartir y dar a sí mismo y al mundo. Nuestra alegría pura al descubrirla y experimentarla por nosotros mismos.

Más que la idea y la imagen, si no una caricatura de meditar todo el día, espiritual significa hacerte, ir a por ti, ser tú, darte y quererte lo suficiente para ser tú mismo de verdad. Esta es la verdadera definición del amor propio.

Por supuesto, la meditación entra en juego, por no decir que es esencial, ya que te permite escuchar las llamadas más profundas de tu ser. Aun así, la espiritualidad consiste en vivir y experimentar tu vida en todos los sentidos, especialmente todos tus sueños y deseos, simplemente todas tus alegrías. El deseo puro es la forma en que se derrama la energía del mundo. Mírate a ti mismo. Sabes que es cierto. Mira lo lejos que has llegado. No se trataba sólo de desear que todo existiera, sino de actuar.

La única diferencia es que fue una acción inspirada. Te moviste con la energía de tu alma frente a la energía de la fuerza bruta sola. Antes de que esa acción pudiera comenzar, permitiste que el deseo de tus deseos y sueños moviera tu ser, lo que entonces te llevó a nuevas alturas emocionales en tu interior. La exploración de lo que podría ser y podría ser para ti. Esto es lo que se llamaría el permitir.

Mientras que la mayoría de la gente se convencería a sí misma o diría que es imposible o simplemente una tontería. Se cortan a sí mismos antes incluso de haber empezado. ¿Te has dado cuenta de lo a menudo que lo hacemos hasta que nos sorprendemos a nosotros mismos y nos aclaramos sobre varias creencias limitantes que se esconden en los recovecos inconscientes de nuestro ser y luego nos despedimos con amor? Hubo un tiempo en que eso servía, pero ya no. Luego, con esa dirección, dejas que siga creciendo como una bola de nieve, todas tus esperanzas, cultivándola amorosa, tierna y cálidamente en el seno de tu ser. Ahora, con los vibrantes estados de posibilidad, apertura e inspiración surgen todas las ideas y pistas, nuevas realidades esperando a nacer, y un nuevo tú esperando a abrazarlo todo y llevarlo a cabo.

No se trata de representar un papel o una parte de lo que se supone que debemos ser, parecer o que se nos clasifique. Incluso para alguien etiquetado y considerado espiritual, lo que tiene tantas connotaciones en estos tiempos, o incluso cualquier etiqueta. No. Se trata de romper todas las ideas concebidas y preconcebidas y crear de nuevo desde tu nueva postura dentro de ti mismo, como tú mismo y tu verdadero yo. ¿Era este yo diferente del antiguo? No. Para nada. La única diferencia era el corazón. Más corazón. La liberación del corazón. La apertura del corazón. Lo que luego potencia todo lo que haces.

Tu corazón siempre estuvo ahí. Es lo que te ha guiado todo el tiempo, querida. Ahora bien, hay una especie de medida, una especie de calibre, de fuerza, de fuego, de valor, de coraje, de fe, de compasión y de alegría pura: cualquier persona que aproveche estas cualidades es su verdadero yo. A medida que nuestro corazón se expande, también lo hacen todas estas cualidades. Nuestros dones y talentos naturales nos son innatos. Estamos hechos para compartir dones con el mundo porque antes pudimos compartirlos con nosotros mismos; éste es el don que te toca vivir.

Así que sí, algunos piensan que la idea de ser espiritual es meditar. De acuerdo, eso tiene un lugar y un papel importantes. La verdadera espiritualidad es hacer revivir el espíritu y el alma y liberar el todo. La totalidad de ti y la totalidad de todo lo que es. El fuego de nuestro amor en cualquiera de sus formas. Eso es dicha y éxtasis. Cuando somos nosotros mismos desatados.

Entonces, ¿cómo iniciamos el viaje al despertar? Muchos lo complican en exceso, lo intelectualizan y exageran. Sin embargo, es sencillo. Solo necesitas tres cosas para comenzar el mayor viaje que ha habido, hay y habrá. No solo ahora, sino siempre.

Iniciar el despertar

Iniciar

Todo el mundo dice que quiere cambiar, pero el cambio es imposible si estas tres energías no están presentes en su interior. En realidad, esto se aplica a todo tipo de comienzos. Cualquier empresa que uno desee: negocios, escuela, o simplemente despertar a la verdad de quién eres.

Necesitas tres energías dentro de ti. Deseo. Apertura. Voluntad.

Definido como:

DESEAR – DESEAR, ANHELAR, QUERER.

APERTURA – CUALIDAD DE SER RECEPTIVO A NUEVAS IDEAS. MENTALIDAD ABIERTA.

VOLUNTAD – CONSENTIMIENTO O DISPOSICIÓN PARA HACER ALGO.

¿Qué tienen de importante estas tres energías?

Sé que para algunos la distinción puede ser diminuta y muy sutil, pero es monumental y desempeña un papel importante.

Entremos en materia.

Deseo

El mundo entero nace del deseo. Todo lo que ves fue una vez un sueño maravilloso en la ensoñación de alguien, en su vívida imaginación o en el corazón de su ser. Sus deseos se manifiestan. La energía del deseo es como el combustible, la energía necesaria para que las cosas pasen de la forma de pensamiento a una realidad tangible.

La energía del deseo energiza y cataliza el resto de nuestro ser para alinearse y realinearse para satisfacer este deseo y su objetivo. Así de fuerte y así de poderoso es. Así funciona el universo. La gente siempre habla de la ley de la atracción. Aun así, si lo desglosamos, es esto: puro deseo y alineación con los propios deseos, es decir, con uno mismo.

Y cuanto más puro sea el deseo, cuanto más verdadero sea el deseo, cuanto más potente sea el fuego, si es un deseo del corazón y del alma, entonces tendrás poderosas energías trabajando para ti y contigo en el esfuerzo que elijas y en el esfuerzo de tu vida.

Piensa que una vez que nace un deseo, sea cual sea, es como si naciera un pequeño Napoleón Bonaparte en tu interior. Un pequeño conejito de Napoleón Bonaparte con todos los recursos necesarios para llamar tu atención sobre lo que se necesita y atraerlo hacia ti y hacia el mundo. Porque lo semejante atrae a lo semejante. Por supuesto, tu pequeño Napoleón no es un dictador que quiere apoderarse del mundo, sino más bien una energía dinámica y juguetona que responde al todo, el conejito energizante que sigue y sigue y sigue.

Todos ustedes preguntaron, y todos ustedes están respondiendo.

Con los recursos interiores abundantes y resplandecientes.

Tuya para que la tomes, la arranques y la mastiques.

Revitalizing. Rejuvenecedor. Renovador.

Simple tú y simplemente tuyo.

Es así de simple.

Tu pequeño Napoleón está al servicio del conjunto.

Y está a tu servicio.

Porque es la energía del alma.

Y esta energía está conectada con toda la vida.

Es una energía dinámica alimentada por el deseo; tu Napoleón puede comandar legiones, todas las legiones internas y externas, para hacer lo que debe hacerse, el cumplimiento del llamado de tu corazón y alma, el cumplimiento de tu todo superior, el cumplimiento que ha surgido dentro de tu ser.

Cuando el almirante Yamamoto pronunció aquellas famosas palabras durante Pearl Harbor: "Me temo que hemos despertado al gigante dormido", ¿se refería a Estados Unidos? Incluso el propio Napoleón dijo algo parecido sobre China hace más de doscientos años. Un gran poder yace en su interior, latente pero siempre listo, cuando se le llama y cuando se le necesita. Ese poder yace dentro de todos nosotros.

Cuando despertamos en cierto sentido y movilizamos y catalizamos todo lo que somos al servicio del bien mayor, la necesidad, la llamada, el deseo y el fuego mayor que hay en nosotros, ese deseo debe ser satisfecho. Pondrás tu vida en ello. No porque tengas que hacerlo, sino simplemente porque es lo que debes hacer.

Es una obligación porque tu alma te mueve y desea que lo hagas. ¡Así que la energía no es un matón enérgico, un dictador, o un empujón enérgico; no viene de un lugar de carencia, de menos que, o de la cultura del ajetreo, sino más bien, es casi un suave empujón y elevación sin esfuerzo, ¡elevación del alma y del ser de uno para hacer lo que debe hacerse y vivir según la llamada de tu alma que ha surgido y despertado!

Es un gran honor escuchar la llamada de nuestro ser, la llamada de nuestra vida. Es un verdadero privilegio estar aquí ahora, en este plano y realidad, en este tiempo y espacio, como estás hoy en la Tierra. Eres el regalo que estabas esperando. Eres el regalo que el mundo estaba esperando. Eres el regalo que todo el Cielo ha estado esperando. Siempre has sido tú y no nadie ni nada fuera de ti. Siempre ha estado dentro.

Y al honrar esta llamada, nuestra alegría, nuestro amor, de cualquier manera y forma, realmente te sirves a ti mismo y a toda la humanidad. Te recompensan como tal con medios inconmensurables. La alegría y el amor desbordante que ahora laten fuertes y libres en tu pecho son innegables; nadie podrá quitarte nunca la conexión contigo mismo y con tu alma. Nadie puede romper tu conexión sólo con Él: con lo Divino en todos nosotros, con lo Divino en todo lo que es, con lo Divino que es.

Ahora, con el deseo, el deseo puede ser complicado.

Exteriormente, dos personas pueden estar haciendo lo mismo, nacido del deseo, de algún empuje exterior, impulso o acción. Aún así, uno tiene el poder de su alma, y todo lo que está trabajando con ellos mientras se mueven con facilidad, gracia y fluidez sin esfuerzo.

¿Y el otro? Bien. Todos sabemos cómo es. Cuando empujas y tiras, te esfuerzas sin descanso para intentar forzar las cosas, como si trataras de meter una clavija cuadrada en un agujero redondo. No es lo más dinámico, fuerte y alineado posible.

Aunque ambas acciones pueden conseguir que se cumpla el objetivo. Uno estaba a gusto, y el otro estaba tirando de los dientes. Una vigoriza y da energía, mientras que la otra la consume mucho más rápidamente y te deja exhausto. Una es gracia y fluidez, y la otra es ajetreo y tensión. ¡Oh, no vivamos en vano!

Pero no pasa nada, porque toda la vida no es más que práctica. Práctica y conciencia. ¿Estamos alineados? ¿Somos sinceros? Si son afirmativas, la concienciación crece a pesar de todo. Si el deseo es puro, si un deseo puro ha nacido genuinamente dentro, naturalmente, nos alineamos con nuestro querer mientras abrimos nuestros corazones y nos permitimos sentir estos nuevos sentimientos, llevándonos más lejos de lo que nunca hemos estado. El acto de sentir nuestro deseo es también un acto real de valentía.

Debes abrir tu corazón, a pesar de tu miedo, y sentir esta nueva realidad. Soñar un sueño que sólo tú puedes soñar. Permitiendo así la apertura para que el brote eche raíces y florezca dentro del tiempo bueno y divino en los éteres de todo espacio y tiempo.

A menudo, no lo vemos así o no podemos ver gran cosa. Aun así, cuando la energía se aclara, empiezas a ver lo que hay: la pureza de tu deseo que vuelve a encender tu fuego, que abre tu corazón y te hace empezar.

Lo que inicia también un nuevo viaje.

El deseo es combustible y fuego.

Apertura

Como dicen los entrenadores, debes seguir siendo entrenable. Como dicen los monjes, debes tener las manos abiertas, no cerradas y apretadas. Una mano abierta es sinónimo de una mente y un corazón abiertos, simplemente de una copa abierta. ¿Cómo puede tomar más tu taza si está llena de agua? Si está vacío, puedes recibir más. Es similar a cómo abordamos cualquier cosa, por no hablar de nosotros mismos y nuestras vidas. Solo desde ahí estamos dispuestos a ver, sentir, ser y probar. No es un mero esfuerzo, sino la pura experiencia de nuestra vida.

Se trata de estar abierto y receptivo a nuevas ideas frente a cerrarse en banda con una actitud de sabelotodo o cualquier otra actitud de menos, de tener la mente abierta, como se suele decir. Lo que significa no solo estar abierto a nuevas ideas, sino también a las antiguas. Por último, ser capaz de afrontarlos, ser consciente de ellos y estar presente con ellos. Tus actos, pensamientos, emociones, sentimientos, microsentimientos y el espacio entre los sentimientos. Simplemente, tú mismo en su totalidad.

Sí. Simplemente ser un observador de nuestro mundo y diálogo internos y ser curioso frente a crítico. El mundo de las emociones es una entidad aparte y, si no se vigila, puede saquearnos y arrebatarnos nuestros recursos, nuestras vidas y la calidad y el calibre de nuestras vidas. Puede arrebatarte las cosas que necesitas para construir una vida de éxito, una vida que amas, una vida que sueñas.

Y, sin embargo, ¿qué es el éxito sino la satisfacción del corazón? Un corazón que se ha realizado. Un corazón que ha encontrado su hogar o que simplemente está en camino hacia él, en el viaje de apertura. No hay mayor alegría que el propio viaje del corazón y del alma. No hay mayor alegría que ser quien realmente eres. No hay mayor alegría que ser. Cuando sabes que estás en ello, te vuelves plenamente vivo, comprometido y entusiasmado por abrazar el día.

Porque cada nueva experiencia, cada nuevo momento, cada nueva respiración, es el momento que puede darle la vuelta a todo, ese mismo ajá que has estado buscando o un momento de genuina apreciación que abre tu ser tan sutilmente, la respuesta que te llevará al siguiente nivel, al siguiente nivel de tu corazón y de tu alma y de tu persona con una nueva integración y un trozo de distinción y aprendizaje. Es como si la flor de tu alma creciera, respirara y aprendiera a abrirse y echar raíces, ponerse de pie, cobrar vida y aprender a ser.

Pero primero, debemos estar abiertos. Sé que la idea de enfrentarnos a nosotros mismos a veces no es lo ideal. Algunos se preguntarán qué significa eso. En pocas palabras, significa ser lo suficientemente abierto como para ver las cosas de otra manera, desde otra perspectiva, bajo una nueva luz: tanto las cosas buenas como las malas, todas las cosas.

Vale, entiendo lo que dices, pero ¿y si aún así no puedo? Algunos de mis amigos han estado viendo a un terapeuta, y nunca mejora; otros están viendo a un terapeuta, y lo hacen. Sí, es un viaje con muchos factores, pues cada persona y terapeuta tiene su forma de vivir y de ser.

O un sueño es tan grande que me parece tan imposible, tan ridículo, tan loco, que me siento tan pequeño e inadecuado. Sí, ¿quién no se ha sentido así alguna vez, y no se supone que debe ser así, un sueño que te ilusiona por completo y te empuja hacia tu mayor realidad, la persona que estás destinado a ser? Cada sueño nace por una razón. Deja que la experiencia de un sueño así se macere, se cocine a fuego lento y se cocine en tu ser.

Pero en general, sí. A veces, cuando no podemos liberarlo o estamos atascados, nos sentimos menos que nosotros mismos. Lo mejor es sacudirse esa energía y hacer cualquier cosa que cambie el tono, como hablar con un buen amigo en quien confíes, dar un largo paseo o hacer footing en el parque, escuchar música relajante o incluso escribir tus pensamientos.

La cuestión es que ahora simplemente estamos dispuestos a abrirnos lo suficiente, no sólo a nuestros gustos y particularidades, sino también a nuestras aversiones, simplemente a todo. Estamos suficientemente abiertos a lo que es, signifique lo que signifique, y eso es un poderoso punto de partida. Esa es la verdadera receptividad. Ábrete al interior, ábrete al exterior.

A menudo miramos a nuestros compañeros o a las personas de nuestra vida, y dicen que odian esto y aquello. Mira lo que la energía del odio y todos esos pensamientos les está costando y trayendo, independientemente de cualquier razón "correcta". A veces, la energía de la obstinación y los obstáculos crece y se endurece como un muro invisible y se magnifica a través de nuestro intenso enfoque, que luego infla la realidad y la situación que nos cierra los ojos para poder ver, excepto aquello que queremos ver, que luego continúa justificando nuestra realidad y percepción de la realidad y nuestra identidad dentro de esa realidad.

Entonces, sin quererlo, todas las cosas que odiamos o nos disgustan se convierten en nuestra luz de guía y nuestro foco de atención, porque es ahí donde volcamos nuestra energía y nuestra atención. Eso se convierte en nuestra base energética, emocional y lo que atraemos a nuestras vidas. Todo se hace inconscientemente. Es tan leve porque se trata de sentimientos y emociones, hasta la capa sutil por debajo de la del instinto, las vísceras y los patrones energéticos practicados.

Y bueno, pensamientos son pensamientos; sí, es verdad. Cada pensamiento tiene una determinada cualidad de energía asociada y ligada a él. Si se quiere, un tirón de gravedad atrae el poder, que entonces empieza a arraigar, echar raíces y crecer. Profundizando en tu ecosistema, el ecosistema de tu corazón, alma y mente. De ahí tu vida.

Simplemente estar abierto a ver las cosas de otra manera. O, estar abierto a mirar y ser observador en general al condicionamiento de nuestra mente y la forma en que responde o la forma en que se desencadena y la forma en que le gusta y le disgusta, aborrece y disfruta. Por último, simplemente estar abierto a los deseos genuinos y a lo que surja: todo ello.

Si estamos abiertos a todo ello, abiertos a todo lo que es, si nuestro corazón está finalmente abierto, ¿cómo no va a venir?

La apertura es receptividad y posibilidad.

Disposición

¿De qué sirve querer algo y estar abierto a ello pero no querer intentarlo?

Todo el mundo quiere hacer la dieta para perder de 20 a 30 libras. Es muy lucrativo económicamente y vemos anuncios por todas partes porque es un tema común y un problema que muchos queremos abordar. O cómo todo el mundo quiere dejar de beber o de fumar, o lo que sea que queramos abordar. Claro, mentalmente queremos hacerlo porque intelectualmente sabemos que es bueno para nosotros y que nos ayudaría en general. No actuamos en este sentido hasta que por fin estamos preparados, nos sinceramos con nosotros mismos y estamos realmente listos y dispuestos. El deseo puede ser genuino, y puede que estés abierto a la idea en lugar de descartarla, pero sin estar preparado y dispuesto, el deseo y la apertura no te llevan a ninguna parte.

La analogía del entrenador y el monje también se aplica aquí. Si tu copa está llena, ¿cómo puedes recibir más? Pero una vez que estamos abiertos a las ideas de todas las ideas. Los que te llaman hacia tu crecimiento superior. Debes estar dispuesto a sumergirte en el agua, independientemente de si has nadado antes. Debes estar dispuesto a montar en esa bicicleta para entrar en el ciclo de las cosas. Debes estar dispuesto a montar en esa bicicleta para entrar en el ciclo de las cosas. Debemos aceptar la nueva idea que se nos presenta.

En todos los sectores surgen siempre nuevas modas, tendencias o trucos. Piensa en todas las modas del fitness, las dietas saludables y los últimos equipos de entrenamiento que prometen dar resultados y cambiar tu vida. Los hay de todo tipo. En realidad, ¿estamos preparados? ¿Estamos dispuestos a sumergirnos y comprometernos? ¿Estamos dispuestos a aguantar? ¿Estamos dispuestos a probarlo? Estabas abierto a la idea, quién no lo está, pero ¿estabas realmente dispuesto?

Puede que sea lo que queremos, pero ¿estamos dispuestos a hacerlo? Todos hemos pasado por eso. Lo haré, trabajaré en ello y lo empezaré mañana. La mente dice que sí, pero no al 100%. Si la mente dice que sí, pero el resto de ti no, entonces no. No estamos totalmente comprometidos. No estamos del todo en ello. No estamos totalmente invertidos. No hay voluntad.

Sea cual sea tu respuesta, no pasa nada. Como cualquier otra cosa, es donde estamos en ese momento, que puede cambiar en el momento siguiente. Para uno, la verdadera constante es el cambio. Naturalmente, porque nosotros también somos así de vastos y dinámicos. Para siempre, estamos creciendo y evolucionando de todas las formas posibles, mental, emocional, física y espiritualmente. Sencillo en todos los sentidos, es la naturaleza del corazón y del alma hacerlo así, ser sencillo.

Cuando llega el momento, cuando encaja, sentimos ese tirón interno que nos dice: "Sí, tengo que intentarlo ahora". Nadie puede precisar ni decir cuándo será ese momento. Es diferente para cada uno. Todos estos oradores y líderes motivacionales pueden animarte con un único propósito. Sin embargo, si no estamos preparados, si no estamos allí, o si no estamos dispuestos, no nos servirá de nada ningún tipo de bombo o platillo, ni siquiera consejos útiles y objetivos. No es el momento sin culpa de nadie. Simplemente no es el momento.

Cuando encaja, encaja, y cuando acierta, acierta. Entonces, ya sabes. Ya es hora. Las cosas se están descontrolando y te das cuenta de que tienes que salir de ahí. O has cumplido muchas cosas, pero aún te falta algo. O eres sensible a las emociones y es intuitivo. De cualquier forma. Cuando es el momento, es el momento y entonces lo sabes. Ya es hora.

Todos tenemos esa sensación de vez en cuando por muchas cosas, desde las más grandes a las más pequeñas. Se trata de ser receptivo y actuar. A veces, hace falta ser infeliz o estar atascado de cierta manera en nuestro interior para que la insatisfacción o el dolor alcancen un umbral o algún acontecimiento que nos diga que ha llegado el momento. Solo para darnos cuenta de que sin nuestra forma de ser del pasado, nunca podríamos haber alcanzado este nuevo nivel de percepción que nos lleva al siguiente. Donde estamos dispuestos a sentarnos con nosotros mismos, ser honestos con nosotros mismos y hacer cambios.

No nos juzguemos por no estar aquí o allí o donde nuestra mente crea que deberíamos estar. Esto es un viaje.

Démonos el regalo de la libertad de estar donde estamos, tal como somos. Esto se llama gracia. Sí. La gracia puede ser profunda, pero también profundamente sencilla. Algo tan sencillo que nadie piensa en ello. Porque todo el mundo siempre se imagina que es tan enorme y tan grande y tan alucinante. Además, todo el mundo quiere estar allí ahora, en lugar de simplemente estar aquí ahora. Todo el mundo necesita ser visto como el experto, el héroe o la persona que ofrece resultados.

Vamos a hacer algo sencillo. Vamos a permitir que la gracia entre en nosotros y en nuestras vidas. Permitiéndonos ser como somos ahora mismo, en el aquí y ahora, en este momento en el tiempo, y está bien. Tú estás bien. Nosotros estamos bien. Es suficiente. Tú eres suficiente. Somos suficientes y es más que suficiente. Siempre es suficiente; ahora mismo tenemos todo lo que necesitamos.

Recuerdo haber oído esto hace muchas lunas, y no es que no me lo creyera, pero era bastante increíble. Fue una píldora difícil de tragar. ¿Cómo puedo ser suficiente? ¿Cómo es que estar aquí ahora está bien? ¿Cómo puedo tener todo lo que necesito ahora mismo? Pero como estaba dispuesta, abierta y deseosa, estaba dispuesta a escuchar y jugar con esas ideas y, lo que es más importante, a permitir que mis sentimientos se gesten en lugar de espantarlos, a ver cómo se sienten y resuenan. Simplemente ver cómo es para mí por dentro. Como la persona que me hablaba había logrado y hecho tanto, y más que sus logros, había alcanzado una forma de ser, una paz y una pureza que yo respetaba y admiraba profundamente, me abrí a escuchar en lugar de encogerme de hombros, por muy disparatada que sonara.

Que yo soy suficiente.

Que yo tengo todo lo que necesito dentro de mí.

Que yo estoy en el lugar y el momento adecuados.

Cualquier persona lógica diría: "Sí, claro".

Yo estaba abierto y dispuesto frente a los cínicos.

Los hechos hablan por sí solos. ¿Has oído a alguien decir eso antes? Los hechos son los hechos. La realidad es la realidad. Eso es cierto. ¿Con qué lente y percepción de la realidad miras y desde qué lente miras? ¿Estás mirando desde el prisma de que todo es difícil e imposible, o estás mirando desde el prisma de que todo es un milagro y tú también lo eres? Cualquiera que sea la realidad que elijas define radicalmente no cómo apareces, no tu realidad, sino tu vida hasta cómo vives, apareces y enfocas tu vida. El calibre, la calidad y la alegría de vivir. Todo se ve afectado.

Así pues, los hechos pueden hablar por sí solos. La gracia también habla por sí misma. La gracia es la gracia. El amor es el amor. Esa es la realidad más verdadera que existe. Si no, la única realidad que existe. Entonces, con ese reconocimiento, puede haber hechos, esto es verdad, pero entonces, hay gracia divina esparcida a través de todo ello, que eventualmente simplemente se convierte en información superior para llevarte a una mayor comprensión tanto dentro como fuera. Entonces, ¿cómo es que todo sirve realmente para algo si se lo permitimos?

Usted no se define por estos hechos ni por una determinada realidad percibida. Toda la vida es y hace; te eleva y te libera en ti, lo más de ti. Eso es, por definición, un milagro. Cuando nos alineamos de nuevo con lo que realmente somos, para elegir el amor, para elegir la paz, para elegirte a ti. Es entonces cuando se abre un nuevo camino que recorres con todo tu corazón. De esta elección se derivan efectos profundos que perdurarán para siempre. Fue una elección sencilla que requirió gracia, fe y mucho amor.

Por no hablar, en la vida, ¿te acabas de dar cuenta? Muchas personas logran y hacen mucho, pero algunas no. Hazlo, hazlo, hazlo. No hay corazón, base ni sentido. O hay demasiada fuerza, como echar un charco de agua o lanzar un jarrón para agarrar a ese pequeño y molesto mosquito que te zumba todo el día. Esa tremenda fuerza no se utiliza mal, pero no en todo su potencial.

Eso tampoco tiene nada de malo. ¡Así es el viaje! Aprender a gestionar, utilizar y tomar conciencia de nuestra energía. Nuestra vida es el lienzo de nuestro viaje sagrado. Nuestro mundo emocional se convierte en un lienzo sobre el que pintar y del que nacen las semillas de nuestra realidad. Lo que somos y en lo que nos convertimos es el lienzo de nuestro amor siempre floreciente. Partimos de donde estamos, como hace cualquier héroe, como hace cualquier sabio, como hace cualquier maestro. Empiezas por donde estás y lo que tienes. No importa lo que sea y lo que parezca para ti, siempre es el lugar adecuado para todos nosotros.

El lugar adecuado para que lo más entre en nuestras vidas y corazones, el conocimiento de quiénes somos realmente, de que somos faros de luz profundos, poderosos y creativos destinados a brillar como nunca antes. Entonces, ¡no! ¡Espera, dirás! Tú eres la creativa, no yo. Entonces digo, cuando tienes el poder de tu alma detrás de ti, cuando estás abierto a tu corazón, cuando estás alineado con tu núcleo, todos los recursos que necesitas y más aparecen. Recursos internos y externos, pues sencillamente todo lo es.

Y puede que te sorprendas a ti mismo. La energía de nuestro ser es siempre dinámica, poderosa, única, compasiva y creativa. Cuando tienes energía para tu propósito, pasión o deseo verdadero, tu pequeño Napoleón está en el trabajo, el divino que escucha la llamada, y tu corazón abre las puertas a todo. Solo para darte cuenta de que tu pequeño Napoleón no es tan pequeño.

Pero en fin, esto era solo una forma larga de decirlo. Solo ten fe.

Y la voluntad del espíritu contribuye a abrir el camino.

Si no estamos dispuestos, ¿cómo puede salir algo adelante?

La voluntad es consentimiento.

Y en otro nivel, la voluntad también contiene la energía de hágase tu voluntad, amén. Porque es consentimiento, liberación y entrega, todo en uno.

Y así, decimos.

Hágase tu voluntad.

Amén.

Cierre

Esas son las únicas tres cosas que necesitas para cualquier cosa, pero especialmente para algo como despertar al potencial superior de uno mismo, despertar a lo que realmente eres y despertar al amor que perdura.

O simplemente salir del dolor, entrar en la alegría, o lo que sea que persigamos, que todo conduce al mismo lugar. El amor después de eso. En el más allá. En el aquí y ahora. Sí.

Entonces... Si alguna vez te quedas atascado.

Siéntate contigo mismo y tómate tu tiempo para reflexionar.

¿Tengo este deseo?

¿Estoy realmente dispuesto?

¿Estoy abierto?

Los mayores secretos del Universo, en realidad, no son tan secretos y están ahí para todos. Delante de nuestros ojos, delante de nuestra nariz, delante de nuestro corazón. Es divertido que siempre sea así.

Hay un flujo, un flujo hacia todas las cosas y un gran flujo que lo conecta todo. El gran flujo de este mundo y la forma en que todos nos conectamos están intrincadamente entretejidos en todo.

Y si estas tres energías viven en ti.

Que, sí, deseas la apertura de la gracia del amor.

Que sí, que estás dispuesto a llegar hasta el final.

Sí, estás dispuesto a hacer lo que hay que hacer.

O simplemente abierto a lo que es.

No importa lo que sea.

Entonces. Ten fe.

Y confianza.

Si te has preguntado cómo alguien lo ha hecho.

Cómo lo han hecho todas estas personas brillantes.

Cómo lo han hecho todos estos santos y sabios de todos los tiempos.

Eran tres cualidades, estos tres rasgos, estas tres energías.

Así empezaron todos.

Así es como empezamos todos.

Para cualquiera que esté en el viaje.

Y mucho menos, solo vivir lo hará.

Y también.

El agua siempre debe subir a su nivel.

Esa es la ley.

Es ciencia básica, lenguaje común, sentido común, básico básico. Es tan básico. Ni siquiera estoy segura de que exista una palabra para básico básico.

Pero lo mismo ocurre con el corazón y el alma.

Si se cumplen los requisitos, tampoco podemos evitar ser barridos.

Arrastrados por la gran corriente y también por la corriente submarina y la sobrecorriente.

Y ven a encontrar un lugar tan milagroso, portentoso y maravilloso que es verdad.

Por primera vez en toda tu vida,

No tendrás palabras.

Y conocerás el verdadero significado.

De la mudez.

Una mente golpeada.

Un corazón golpeado.

Un alma tan golpeada.

Te detuviste.

Para dar testimonio.

Y tener cuidado.

Al amor

Que te está mirando fijamente.

De ti, para ti, fuera de ti.

A tu alrededor.

Dentro de ti.

Hasta el punto.

No hay más tú.

Y solo existe.

Toda la eternidad.

Esta.

Es mi única esperanza, sueño y deseo para ti.

Ánimo.

Mantén la fe.

Y sabe que vas por buen camino.

En el viaje de tu vida.

Si hubiera escuchado esto entonces, puede que hubiera cambiado mucho o puede que no, pero al mismo tiempo, habría entrado en mi alma y me habría dado más paz, más cuidado y consuelo, más corazón, y por lo tanto, más fe y más fuerza. Una renovada resolución irresoluta de continuar en el viaje llamado mi vida.

Y esa es mi esperanza para ti.

Si tú también deseas, deseas lo que nadie más desea, deseas despertar al mayor secreto de la tierra, puro y verdadero, entonces:

Vas por buen camino.

Nota final

El nivel de conciencia de quienes leen esto es de una vasta gama. Sin embargo, sea cual sea nuestra etapa, sigue siendo la misma. Así es como el maestro es siempre el alumno, y el alumno es ya el maestro, pues todo es cuestión de tiempo. Si el tiempo es irrelevante, si no existe tal cosa como el tiempo, ya que el tiempo es una construcción hecha por el hombre, entonces empiezas a ver cómo es verdaderamente el alma la que está viviendo, respirando y latiendo de verdad, latiendo como tú.

Como una flor que pasa por sus etapas y ciclos de crecimiento, sembrando, brotando, enraizando, brotando más, brotando, floreciendo, alcanzando la dirección del sol, y luego la plena floración y en la cima de esta floración, para tocar la esencia del néctar, la ambrosía, tú también puedes florecer.

Algunos dicen que es afrodisíaco y es comprensible. La energía de la verdad de lo que eres, el amor mismo derramándose a través de ti, es siempre así de profunda. Cuando el amor realmente te baña de esta manera, uno nunca puede ser el mismo. Cambia radicalmente tu vida y la perspectiva de tu vida, si no toda la realidad misma. Sí, la realidad misma de tu vida. El amor finalmente ha sido cultivado, nacido y renacido dentro de tu corazón. Conocer y tocar la quietud. Conocer el siempre verde del siempre florido. El florecimiento sin fin. El eterno amanecer sin fin. El alma sin fin, pero en casa con todo el fin de la eternidad.

Cuerpo, mente, corazón y alma están alineados.

Y estamos en casa, estamos aquí, estamos presentes.

Ese lugar es real y existe.

Y ese lugar es tan común como el sol en el día.

Ese es el viaje.

Ese es siempre el viaje.

Ese es el viaje eterno.

El viaje del despertar.

El viaje de la conciencia.

El viaje del amor.

Este es el mayor viaje de toda la humanidad.

Que nadie puede separar.

Y ninguno puede formar parte.

Y cuando nos enfrentamos a la verdad.

Los milagros abundan para ti.

De cabo a rabo.

Al grano y al hecho,

Que nadie te crea.

Excepto los que sí lo hacen.

Excepto los que también lo han vivido.

Excepto los que también están en el viaje de sus vidas.

La belleza del amor que brilla.

Y brilla a través de cada persona, lugar o cosa viva. Es verdad.

La belleza es asombrosa y rotunda.

Yo diría que de todo se puede elegir en la vida.

Este es, con diferencia, el mayor viaje que hay que hacer.

Es el único viaje que hay que hacer.

Y es lo único que hacemos más allá de lo que hacemos. Es por esto y solo por esto.

La comprensión del amor.

Ama la gracia como y en ti.

Ama la gracia en todos sus matices.

Ama la gracia, siempre en flor.

Hum.

Entonces...

¿Quieres hacer un viaje conmigo?

Para encontrar y tocar toda la eternidad.

Lo prometo.

Va a ser muy divertido.

Y por último, por muy poético que suene todo esto.

Diré que somos unos poetas más que educados.

Somos de carne y hueso, de cuerpo entero y plenamente encarnados, con emociones, corazón, alma y todo.

Vivir esta vida completa y sinceramente y dar todo lo que tenemos.

Dedicar nuestra vida a una causa justa, una causa satisfactoria, la causa de nuestra vocación.

O, dicho de un modo aún más sencillo, seguir la alegría de nuestra alma.

Esto es lo que significa honrar nuestra vida.

Y vivir una buena vida.

Para honrar nuestro amor.

Continuar el despertar

Continuar el despliegue

Así que ya has empezado tu viaje y ahora estás en él. Has saboreado el sol y los milagros divinos, simplemente lo sublime que brilla en ti, lo sublime que brilla a través de todas las cosas. Sí, una vez que lo has probado, nadie puede volver. Es como las Pringles: una vez que pruebas, no puedes parar.

En primer lugar, no puedo dejar de subrayar la monumental empresa que realizas.

Una decisión como ésta conlleva repercusiones que se extienden por todo el corazón y el alma de una persona y por todo el tiempo y el espacio, y nuestra realidad espacial compartida de este mundo y del siguiente, no ahora, sino en todos los tiempos venideros. Así que, por esto, quiero decir.

Gracias, y que Dios le bendiga.

Porque no hay nadie como tú. Esto puedo decirlo y sé que es cierto. ¿Quién iría en contra de su naturaleza para encontrar su verdadera naturaleza? Para encontrar la paz y el amor eternos. ¿Quién se dedicará por fin con verdadera devoción a la empresa del amor? Toda la vida está contigo con gracia y fe eternas en todo tiempo y espacio. Como todo el cielo mismo, toda la humanidad camina también contigo. Mi corazón también está contigo.

Las cosas cambian una vez que decimos sí, ese sí firme en nuestra llamada del corazón y del alma. Todos conocemos la diferencia cuando decimos que sí. Es una sensación y un matiz muy diferentes. Cuando finalmente decimos sí, puede que el mundo no haya cambiado; exteriormente, puede que nada haya cambiado. Es verdad, pero lo has hecho. Hay fuego en tus ojos, fuego en tu espíritu y fuego en tu vientre. Un fuego en tu corazón y en tu alma que liberaste en tu ser cuando permitiste que tu corazón sintiera esto y lo permitiera y lo aceptara como verdadero.

Eso es lo que hace falta para reclamar algo. Debemos sentirlo, apropiárnoslo y luego dejarlo pasar. Con algo así, es un profundo cambio de energía.

Empiezas a operar desde un nivel más profundo de conciencia porque tu intención sincera crea el camino. Naturalmente, las cosas surgirán como siempre. Estamos iniciando el viaje de nuestra vida, y decir sí es el primer paso cuando nuestro corazón nos dice sí a nosotros mismos. Nuestra alegría. Nuestro viaje. Nuestro amor. Independientemente del nombre, etiqueta o lente que se le ponga. Ese es el viaje al despertar. Porque el amor es simplemente volver a casa.

No importa en qué sector de la vida estemos situados o nuestro temperamento, podemos enfrentarnos interiormente. Independientemente de lo que surja en nuestro viaje, cualquier contratiempo o desafío que pueda ser, si continuamos abriendo nuestros corazones y pedimos ayuda a lo divino y mantenemos la fe, se mostrará información más elevada sobre el asunto, que disolverá el asunto para una curación aún mayor permitiéndote elevarte por encima y elevarte más alto en y contigo mismo.

Y si uno no cree en lo divino, un corazón verdadero llama. Eso tampoco se puede negar. Significa que energéticamente has abierto tu corazón, lo que siempre tiene efectos profundos. En cierto sentido, se trata de alinearse con lo que es, y a partir de ahí, se abren más puertas, con lo que comienza otro viaje sagrado. Así pues, sea cual sea nuestra fe, está destinada a toda la humanidad. Esta es también la gracia de lo que es. Porque todos encontramos un camino y el camino destinado específicamente para nosotros.

Debemos hacer continuamente sólo tres cosas para que la apertura y el florecimiento continúen, aparte de vivir y respirar desde y en el corazón. Siempre surgirán cosas tanto dentro como fuera. Es la naturaleza del ser humano y la naturaleza de estar vivo. Sin embargo, cómo todo nos devuelve siempre al ahora, y cómo todo nos devuelve siempre al corazón.

Nuestro trabajo interior implica aceptarnos a nosotros mismos, hacer y crear la paz con uno mismo y con lo que es, y el amor incondicional a uno mismo y a lo que es, de la mejor manera posible. Eso es. Esto continuará el flujo que abrirá el corazón y el alma.

Hay una gracia genuinamente divina para y de todas las cosas en la vida. Si la buscamos, tiene el potencial de abrir nuestros corazones de forma catastrófica, radical y profunda, si no fundamental, hasta el punto de que uno ya no puede volver a ser el mismo, y la compasión se convierte en tu único y verdadero nombre. Ese es el viaje hacia el amor. En cualquier forma y rostro. Ese es el viaje hacia el amor. El amor da. Es lo que hace el amor. Debemos honrar esta voz y esta llamada si lo sentimos de forma innata y plena, porque no hay mayor honor que dar el propio amor. Dar la propia alegría. Para darlo todo. Es el mayor honor de mi vida.

Aceptación de uno mismo y de lo que es

Una de las cosas más difíciles es aceptarnos a nosotros mismos y lo que es.

Los retos siempre tienen una forma de hurgar en todos los pequeños focos de inseguridad. Sin embargo, eso es lo que son, meros focos de inseguridad que afloran a la superficie de nuestro ser. Eso es todo. Todos tenemos áreas de crecimiento e inconsciencia, y la vida nos lo revela a través de los acontecimientos de nuestra vida. Sin embargo, si estamos dispuestos a respirar a través de ella y sentirla y afrontarla lo mejor que podamos, se produce una especie de liberación.

Cuando aceptamos algo, puede gustarnos o no. Aun así, podemos tolerarlo mejor dentro de nuestro ser emocional para empezar a avanzar. Nos libera de la parálisis y la impotencia y nos da libertad de elección y movilidad para actuar y elegir por nosotros mismos. Cuando aceptamos las cosas, ya no hay una sujeción energética per se o, como mínimo, una sujeción disminuida.

Puede que nos escueza de vez en cuando, pero podemos respirar mejor a través de él y no dejar que nos arrastre energéticamente como antes hacia comportamientos y patrones inconscientes. Ya no somos tan inmediatos como antes. Cuando podemos aceptar las cosas, se crea espacio para más. Más de ti para aparecer y más de todo lo que es para venir a través. Simplemente más.

La aceptación de uno mismo y de lo que es, o al menos la intención de hacerlo, casi alivia los bordes del propio dolor emocional dentado que a menudo se siente como bolas con púas listas para pincharte al menor movimiento. Aceptarlo y respirar a través de él embota los bordes lo suficiente como para que, a pesar de lo que sea, podamos manejar y tolerar mejor lo que es. Esto te da una mayor fuerza, capacidad y determinación para gestionar lo que pueda venir. Te da una base, un suelo y un nivel en el que apoyarte, sobre el que trabajar y a través del cual trabajar plenamente.

Los momentos en los que quieres desmoronarte por dentro. Una vez que te hayas rendido a las emociones, deja escapar algunas lágrimas si es necesario. Todos somos humanos. ¿Quién no se ha enfrentado alguna vez a esas emociones y ha pasado por lo mismo? Todos lo hemos hecho. Cualquiera que te diga que no lo ha hecho, simplemente no es verdad, o ha evitado emocionalmente ir allí y se ha insensibilizado consigo mismo. Los seres humanos son humanos, y las emociones son algo de lo que nadie puede escapar.

Y mucho menos; es a través de caminar por los fuegos de esas emociones, los fuegos de nuestros demonios internos, y los fuegos de todos y cada uno de los tipos, si simplemente somos lo suficientemente valientes para enfrentarnos a lo que hay tanto dentro como fuera, se libera una fuerza tremenda. Nuestros miedos y emociones atrapadas son como energía atrapada. Todos tenemos grandes reservas de energía y reservas aún mayores, más ricas y profundas en nuestro interior a medida que nos alineamos con la verdad de lo que somos. Es lo que llamamos fuerza del alma. A medida que trabajamos nuestras emociones y las afrontamos y aceptamos, se libera la energía atrapada y permite que vuelva a nuestro ser. Esto significa que tenemos más tono emocional, profundidad y capacidad para trabajar, dar y enriquecernos a nosotros mismos y a este mundo.

Tenemos más energía con la que trabajar y utilizar.

Pero para ello, debemos aceptar lo que es. Sea lo que sea. Está bien. Es ahora mismo. Podemos cambiar nuestras vidas instantáneamente cuando lo elegimos en nuestros corazones. Esa es la verdad literal y divina de nuestra realidad, que el poder está siempre en nuestras manos, lo que significa que el poder está en nuestros corazones.

Cuando por fin estemos listos para perder peso.

Cuando por fin estemos preparados para dejar de beber.

Cuando por fin estamos preparados para dejar las adicciones.

Cuando por fin estamos preparados para dejar de jugar. En sentido figurado o literal.

Cuando por fin estamos preparados para cambiar nuestra vida.

Cuando por fin estamos preparados para ser felices.

Lo que sea.

En primer lugar, aceptamos quiénes somos y dónde estamos.

Lo que podemos haber hecho y lo que no.

Y todas las emociones que vienen. Todo.

Si lo aceptamos, podemos liberarlo por difícil que sea. Luego vienen los mayores medios para estar más presente emocional y mentalmente a lo que es y comenzar desde una mayor profundidad y claridad interior.

A veces, podemos; a veces, no. A medida que aumentamos la compasión por uno mismo, la bondad hacia uno mismo y el amor hacia uno mismo lo mejor que podemos, nos ayuda a ser capaces de aceptar las cosas que podemos y no podemos cambiar y respirar. Solo respira.

La autocompasión hace crecer la empatía, la conciencia, la comprensión e incluso una mayor y más profunda compasión y cuidado de uno mismo. Te da el espacio para respirar a través de las cosas que nos paralizan, porque te abre el corazón.

Es la energía sutil de la atención y de la atención focalizada.

Es sutil. Sin embargo, ese cambio es todo lo que hace falta para que nazca una nueva realidad.

Siempre es así de sutil: todo.

Paz consigo mismo y con lo que es

Una de las cosas más difíciles es hacer las paces con nosotros mismos y con lo que es.

Así que ahora, la aceptación va bien, o al menos lo suficientemente bien. Es algo que puedes hacer o en lo que estás trabajando. A veces sigue siendo una lucha, pero al menos seguimos intentándolo. Eso es todo lo que cualquiera puede hacer y ofrecer en la vida: lo mejor de sí mismo, que es su corazón. En realidad, todos lo hacemos lo mejor que podemos. Si lo supiéramos, lo haríamos mejor. Eso vale para cualquier persona que conozcas. ¿Qué más puede hacer un ser humano? Si nos esforzamos seriamente, todos los dones destinados a nosotros llegan a su debido tiempo, pues tu energía siempre llama al Cielo y a ti mismo.

Y para estos últimos, para los que no se esfuerzan tanto, parece que también sirve el tiempo. Sea cual sea la locura que hayamos vivido o de la que hayamos formado parte o a la que hayamos contribuido, cómo ningún acontecimiento es nunca un desperdicio, y cómo todos los acontecimientos de nuestra vida sirven para nuestro mayor y más elevado bien y se despliegan en la vida eterna. Así que, independientemente de dónde estemos con nosotros mismos y de nuestra relación con nosotros mismos, no pasa nada. No importa lo que sea, está bien. No pasa nada si se trata de ti mismo o de alguien que conoces, porque hay gracia en todo.

Porque el amor puede nacer y renacer a cualquier hora de cualquier día en cualquier momento dado, simplemente en un instante divino como el ave fénix que se levanta de las cenizas de todo lo que ha sido para convertirse en lo más de todo lo que realmente es, al igual que todo lo que realmente eres querido. Ese es el viaje: el nacimiento de nuestro corazón y nuestra alma en esta realidad de tiempo y espacio.

Pero bueno, haciendo las paces con ello. Se trata, sin duda, de un nuevo nivel de aceptación. Sí. Sin duda es un flujo y reflujo. Una montaña rusa emocional. Sí, puede ser seguro, porque estás liberando viejos patrones y formas de ser conscientes e inconscientes.

Hacer las paces con las cosas libera el malestar en torno a la situación. Crea facilidad incluso más y a un nivel mayor que la aceptación. Crea más facilidad en torno a la situación, lo que significa más facilidad en nuestro cuerpo emocional, más facilidad en nuestro cuerpo de sentimientos y más facilidad para liberar en los éteres. En cierto modo, es rendirse, entregarse a lo que es a un nivel más profundo que la aceptación. Aquí hay más libertad de movilidad, tanto hacia dentro como hacia fuera.

Pero, ¿cómo es posible?

Es ver las cosas desde una perspectiva superior. Aprender a buscar las pepitas de oro que te darán la gracia de elegir la fe por encima de cualquier otra cosa, o algo menos, y no dejar que endurezca tu corazón como puede ocurrir con tantos de nosotros. Esa es la verdadera realidad. Eso es la paz. A medida que respiramos a través de esto mientras mantenemos un corazón abierto, hace que esos bordes puntiagudos sean menos e incluso más redondeados que ya no sientas el dolor mientras vives tu vida, incluso mientras te mueves. Puede que dé tumbos como una pelota de voleibol en tu ser de vez en cuando o de vez en cuando, pero tu entrega y tu trabajo interior disminuyen el odio y el dolor. El odio o el dolor que alguna vez tuviste o cualquier emoción menor alrededor de la situación, pues ves la gracia que honestamente ha liberado y provisto en tu interior.

¿Qué es esa gracia? Sí, pueden ser muchas cosas. Innumerables.

Pero es más conciencia de uno mismo, la verdad de uno mismo, y la profundidad de uno mismo que uno nunca puede haber comenzado a experimentar ni alcanzar si no se realiza sin este evento. La experiencia afecta tanto al mundo interior como al exterior, de ahí el mayor amor y el aprecio más profundo por uno mismo, de ahí la apertura a uno mismo. Lo que también significa un mayor amor y un aprecio más profundo por los demás. Para algunos de nosotros, para toda la humanidad. El sufrimiento real abre el corazón sin límites, y en él nace un corazón de auténtica compasión. De hecho, desarrollar este conocimiento y comprensión en lo profundo de tu corazón frente a tu mente, cómo estamos en todos los sentidos en este viaje llamado vida y vivir juntos mano a mano y corazón a corazón.

Y lo sagrada que es toda vida. La vida de cada persona.

No importa si conoces a la persona o no; no importa. Nada de eso. Lo que nos une es nuestra humanidad y nuestro corazón.

Y con este conocimiento, te lleva aún más dentro de tu corazón. El matiz, el nivel y la calidad adquieren una profundidad mayor y un tono casi indescriptible. Aun así, es algo que uno sólo siente y aprecia enormemente una vez que está allí. El entretenimiento y los medios de comunicación intentan captar la gracia, pero verla, leer sobre ella y luego vivirla en tu vida mientras se desarrolla en tu corazón es muy diferente.

La diferencia es de la noche al día. Todo el mundo busca este tipo de magia, que sólo puede encontrarse en el interior. Por último, he mencionado que el sufrimiento real abre el corazón. Sí que puede. No necesitamos aprender y crecer en el sufrimiento. Nosotros también podemos aprender y crecer en alegría. Esa es también la belleza y la gracia de lo que es. Es si lo elegimos. Toda vida es una elección. Una vez que entramos en ese conocimiento, podemos dejar ir muchas cosas. La paz y la aceptación fluyen más libremente porque te has liberado interiormente.

Así que, recapitulando.

La aceptación te permite gestionar procesos y calmar tus emociones.

La paz te permite aceptar, sanar y liberar tus emociones.

Amor a sí mismo y a lo que es

Una de las cosas más difíciles es amarnos a nosotros mismos y a todo lo que somos.

Pero, al mismo tiempo, siempre debería ser fácil amarnos a nosotros mismos y ser el amor mismo. Eso es lo que somos en el fondo y con cada fibra de nuestro ser. Así es. En el fondo, más profundo aún, en las profundidades de nuestro ser, todos sabemos esto como una verdad fundamental y de conocimiento superior. La bondad profunda y duradera que hay en cada persona y en toda la humanidad y el verdadero viaje en el que nos encontramos, individual, colectiva y eternamente.

Cuando amamos, es una aceptación incondicional, una apreciación genuina y sana, una entrega completa y un verdadero conocimiento. Es la verdadera libertad y dicha. Para disolver todo lo que te ata hasta que nada te retenga salvo tu amor que siempre eleva y guía.

Ese es el poder del amor. El amor es multiforme, polivalente, multidimensional y lo es todo. Un acto de y desde el amor tiene profundas implicaciones y ramificaciones para ti, para los demás y para la humanidad. No pensamos en ello ni lo vemos así porque solo nos centramos en lo que tenemos delante. Sin embargo, si lo viéramos a vista de pájaro, a vista de ángel, a vista de cielo, a vista de toda la eternidad, o a vista divina, veríamos cuán cierto es esto en tamaño, alcance, profundidad y magnitud.

Por eso el amor es lo único perdurable de lo que habla toda la humanidad a través de los tiempos. No es la guerra, el hambre o el desastre. Sin embargo, también hablamos de esas cosas. Es el amor por encima de todo Siempre se trata de amor. Siempre será sobre el amor. Nuestro entretenimiento, música, canciones, historias y palabras están llenos y alimentados por el amor.

Porque, ¿quién no necesita que se lo recuerden? Es la historia eterna más allá y por encima de todas las historias. Es LA historia. Es la única historia que nos conmueve lo suficiente como para abrir nuestros corazones a la verdad y la realidad más profundas y tocar un conocimiento superior que simplemente está esperando. Es lo único que nos inspira. Es lo único que nos interesa. Lo único que nos mueve. No importa la historia, la película o la situación, siempre se trata del espíritu humano y de superar los retos más profundos. Es un recuerdo de la verdad de lo que somos. Porque ese es nuestro viaje.

Es a la vez la respuesta y la pregunta de toda la vida de la humanidad. Es nuestra esperanza, nuestra guía y nuestra fe mientras ponemos en práctica nuestra fe y hacemos realidad el amor en este día, dentro y fuera de nosotros. Nuestra eternidad eterna llega con cada respiración que nos lleva a la gracia, simplemente al hogar de nuestro corazón.

Y así traer más belleza a este mundo.

A través de la aceptación, luego haciendo y creando la paz con uno mismo y con lo que es, el último paso es amar lo que es. Entonces deja que ese amor crezca hasta consumirte por completo hasta que se convierta en amor incondicional nacido en tu cuerpo, mente, corazón y alma hasta que ya no seas más simplemente consumido en el fuego de la profundidad del amor mismo. Te has fundido con el Cielo, y el Cielo se ha fundido contigo. ¿Quién es quién y qué es qué? Ya ni siquiera lo sabes. Sí, cuando es tan bueno, ya no lo sabes.

¿Acaso importa? No. Tus sueños se han hecho realidad. Tú eres el amor verdadero. Sí. Tú eres el amor verdadero. Tal como eres, en todos los sentidos, eres, nada más y nada menos.

No necesitabas ser nada ni nadie más. No necesitabas ser de una determinada manera. Lo único que tenías que hacer, si acaso, era ser tú en lo que eso significara para ti. Incluso eso también puede cambiar a medida que cambiamos y evolucionamos hacia lo que somos. Eso es gloria y gracia, simplemente el poder de elegir lo que elegimos y traemos a nuestras vidas. Toda nuestra vida gira en torno a la elección.

Entonces, hablando de elección.

¿Quién hará lo difícil?

Y perdona todo lo que odias.

¿Cómo se ama lo que más se odia? ¿Con los demás, o con diversos acontecimientos de nuestra vida, recientes o pasados, y con uno mismo? No importa cuánto dolor uno soporte o cargue y de dónde provenga, siempre se trata de aprender a amarnos, perdonarnos y aceptarnos. Ese es el trabajo. Aunque resulte contraintuitivo, a medida que realizamos nuestro trabajo de sanación interior, trabajamos de forma natural con esas emociones. A medida que llegamos a ver, procesar y liberar viejos patrones de comportamiento, nos nivelamos suavemente en todos los sentidos.

Toda nuestra rabia y resentimiento o cualquier otra emoción que pueda ser menos que hacia otro o un evento a medida que trabajamos a través de él, después de perdonar y liberar lo externo, la última parte es siempre acerca de perdonar y liberarte a ti mismo en esta gracia, también, independientemente de si tuviste una parte que jugar en lo que te da confusión, angustia y desamor. El último paso consiste siempre en perdonarse incondicionalmente, independientemente de que hayamos tenido o no algo que ver.

Liberar cualquier resto de ira, resentimiento, amargura, odio, simplemente todo victimismo. Nunca eres una víctima; pase lo que pase, nunca eres una víctima. Puedes alinearte con el conocimiento superior y el conocimiento de tu espíritu e invocar la fuerza y la guía para ver de nuevo y trazar un nuevo camino hacia adelante, una nueva forma de liberar todo lo que es inferior. Así de fácil, lo dejas todo. Te rindes y liberas con gracia y fe siempre amorosa, y la paz sobreviene suavemente. El amor sobreviene. La libertad sobreviene.

Te liberas de ti mismo y de todos los lazos que te unen a través del amor.

Y ahora te acercas a ti mismo y a la vida de una forma más integrada y equilibrada. Desde un lugar con más aceptación, paz, y el poder de respirar y ser, donde la profundidad del amor puede arraigar, florecer, sembrar, y crecer aún más, y liberarse desde la profundidad de nuestra alma y empujar vibrantemente hacia adelante. Desde ese lugar, queda claro cómo tenían que ser las cosas.

Cómo cada uno desempeñó un papel y una función. La perspectiva más elevada es, tal vez, más profunda que las horribles personas o la horrible situación que causaron esa pena; tal vez ese fue su papel en tu vida, en última instancia para llevarte más alto hacia un nuevo y profundo sentido de ti mismo que, de otro modo, nunca habrías alcanzado por ti mismo y por tu cuenta. Eso, y cómo tuviste la fuerza para soportar lo que hiciste y aun así ver un camino a través del caos y el dolor. Sin embargo, todavía te aferras a tu amor, mientras que muchos no lo hacen. Sí. Simplemente todo lo anterior. Sí. Todo lo anterior. ¿No es eso gracia?

A medida que nos permitimos llegar a un lugar de compasión más profunda hacia nosotros mismos, nuestros corazones se abren aún más. Entonces empezamos a ver la gracia de todo lo que es y lo que fue y lo que siempre será. La posibilidad abierta e infinita llamada vida y vivir, y sobre todo tú.

El amor es una aceptación incondicional, la liberación, la curación y la comprensión de cómo todo sirve y la gratitud completa y abrumadora que baña tu cuerpo, mente, corazón y alma. Es la transformación completa de uno mismo cuando la luz atraviesa e irradia suavemente cada parte de tu ser. A medida que seguimos visitando este lugar, aprendiendo de él y alineándonos con él, se transforma cada vez, porque es el retorno del amor mismo.

Ese es el poder del amor, del amor propio y del amor incondicional.

Todo lo que es menos que se disuelve.

Porque, sencillamente, no tiene dónde agarrarse.

Debe ceder y conceder.

Y todo lo que queda es lo que simplemente es.

Y eso es, para siempre, la luz.

Eres de la luz, mi amor.

Eres de los valientes, mi amor.

Eres un símbolo de paz.

Tú eres el elegido.

Tú eres amor.

El viaje eterno al despertar

La verdadera compasión por uno mismo

Se trata de profundizar en nuestra comprensión de la compasión, porque ahora te das cuenta de que la verdadera autocompasión es el cuidado adecuado de uno mismo. Esto permite mantener, profundizar y alinearse con uno mismo, fortaleciendo, expandiendo y simplemente aligerando todos los aspectos de su ser. Esto te permite estar en la plenitud del significado. Ser, y ser tú, verdadero y verdadero, y para eso hace falta amor.

Todas las grandes religiones hablan del amor. La meditación es un componente clave para ayudar a aquietar la mente, pero siempre se trata de volver al corazón. Ese es el viaje. Usamos palabras rimbombantes, pero es así de sencillo cuando lo resumimos.

La idea de abrazar el amor y lo que eres es tan profunda que no tiene fin. Sigue profundizando a medida que creces, independientemente de la edad y de la etapa del juego en la que te encuentres.

Así que ahora, es la comprensión real y la realización de finalmente poseer que eres quien eres y poseerlo, cualquiera que sea tu identidad vibracional. Una vez que lo haces, lo afinas. Se convierte en ti y tú te conviertes en ella. La libertad de explorarla y liberarla de verdad. Cualquier cosa.

Y sentir y disfrutar de esto y de la realidad de esta verdad tal y como se expresa en tu ser y, por tanto, en tu vida. Honrar el propio amor y serlo. Honrar la propia alegría y darla. Tomarnos tiempo para nosotros mismos si lo necesitamos, para volver a alinearnos con este conocimiento de la verdad de lo que somos a través de una mayor autocompasión. Así es como el viaje continúa para siempre.

Incluso en esta etapa, la vida siempre surgirá. Además, es una gran práctica. Por ahora, podemos perfeccionar todo lo que hemos aprendido en cada grado y nota sutil en todas las formas en que se aplica a todos los acontecimientos de nuestra vida.

Sí. No hay situación en la vida en la que no se aplique el amor. Se trata siempre de una faceta o forma. No importa lo que sea, siempre se trata del corazón y vuelve al corazón. En todas y cada una de las etapas. De principio a fin. Cada vez es un nivel y un matiz diferente.

Ser rico en conciencia en todo lo que haces.

Ser dueño de lo que eres significa ser dueño de todo lo que sabes sobre el amor.

No dejarse atrapar, recordar tu fuerza y ser dueño de tu luz.

Practicar las verdades de los maestros que nos han precedido.

Ser dueño de uno mismo y serlo.

Alejarse del lado crítico.

Honrarse y amarse de verdad.

Y apreciarse a uno mismo.

Y todo lo que tienes.

Y todo lo que eres.

Y la próxima vez que pienses en algo malo, no te concentres; dirige tu energía hacia allí y quédate. O cuando alguien venga a ti con la horrible noticia de que todo es terrible en su vida, escúchale con el corazón abierto y toda tu sabiduría, pero al mismo tiempo, comprende que hay una gracia mayor en juego y ve la luz que brilla en su corazón y en sus ojos.

Sí. Puede que haya sido un acontecimiento y una historia desafiantes. Era lo que era. Viviste y llegaste a todo tipo de realizaciones y sobre todo realizaciones sobre ti mismo que serán interminables, valoradas y apreciadas durante toda la vida. Eso te llevará a lugares más allá de todo… de cualquier cosa que puedas imaginar, y te llevará a las alturas del éxtasis del ser y más allá. Lo que todo el mundo busca: a sí mismo. Eso no tiene precio, es intemporal, no tiene edad, y no se puede comprar ni vender, ni se puede enseñar per se. En cierto sentido, sólo puede vivirse y ganarse. Por la apertura de tu corazón. La ofrenda de tu corazón. El despertar del corazón.

Así, en todo, en todas las cosas, no hay victimismo. Esa es la verdadera fuerza. Eso es aferrarse a la luz. Solo eso te llevará más lejos en tu luz. Luego, la verdadera aceptación, aún más, de todas las cosas, de todos los acontecimientos, de todas las personas, de todas las situaciones, de cualquier cosa y de todo. Cómo todos tenemos nuestro camino y nuestro tiempo para las cosas. Eso es todo.

En esta etapa, lo eres, y eso requiere verdadero autocuidado, lo que significa verdadera compasión y una comprensión más profunda y honrar tu amor para ser tu amor.

Mantener la energía, mantener tu amor

Has hecho tu trabajo interior y has elevado tu bienestar mental y emocional, la vibración de tu ser. Eso es lo que ocurre cuando eliges la paz y el amor, y te eliges a ti.

A estas alturas, ya has sido testigo de milagros y más milagros que asombran tu mente hasta el día de hoy. La verdadera realidad es que este tipo de cosas ocurren casi todos los días. Porque un milagro de cualquier tamaño abre el corazón de par en par. O tal vez porque tu corazón está tan abierto, empiezas a ver la vida como lo que realmente es, el milagro que es. Así es como cada día se convierte en un regalo preciso, total y completo en el que sientes esta verdad y este conocimiento en lo más profundo de tus huesos.

Esta gratitud y este conocimiento llenan tu corazón, porque guardas los principios espirituales más profundamente que tu mente, pero en tu corazón. Es algo que se vive y se es, no algo que se conceptualiza e intelectualiza. Esto va más allá de la mentalidad y llega al corazón. Es lo que eres. El amor no se puede meter en una caja, y tú tampoco. Honra tu amor, sostén tu amor y continúa dejando que el amor fluya dentro de tu ser, porque tú eres amor. Tú eres el amor verdadero.

Así es como todo se manifiesta y se amplifica aún más a través de la pureza de espíritu y de ser. Esto es pura alineación en su núcleo y libera todos los regalos que hay almacenados. Tanto dentro como fuera, porque el amor debe atraer al amor. Así son las cosas.

Tus ojos cobran vida y brillan. Tu corazón es puro y fluye. No se puede describir ni explicar. Aun así, sabes que es un matiz diferente de ser cuando las cosas se vuelven sin esfuerzo y maravillosas, y reflexionas para tus adentros. Mmm. Así es como debe ser; oyes un profundo sí en algún lugar de tu interior. Pues sí.

Te mantienes fiel a tus principios.

Te mantienes fiel a tu esencia.

Te mantienes fiel a ti mismo.

Te mantienes fiel al amor.

Por ello, todo te es dado.

Ser y dar tu amor

Es hora de ser y dar nuestro amor. Sí. En este momento, o en cualquier otro. Especialmente ahora, estás conectado a tu fuente, estás conectado a tu corazón, y lo sientes brillar en tu propio ser.

¿Se trata de un propósito, de pasión o simplemente de seguir nuestra alegría? Es todo lo anterior. Es hora de honrar nuestro amor.

Algunos pueden tener una vocación o una pasión que perseguir. Algunos pueden tener un deseo o una afición que les guste, y otros pueden tropezar al probar cosas nuevas. Lo que sea. La vida no cambió tanto, pero tú sí. Ahora, hagas lo que hagas y estés donde estés, aparecerás, harás y darás, serás la luz verdadera.

Deja que la luz te guíe. Se trata de vivir ahora. Más aún. Estar tan lleno de amor y de vida que ahora es el momento de disfrutar de la vida y hacer lo que tu corazón se propone. Ya sea pintor, dibujante, dramaturgo, arquitecto, ingeniero, científico de datos, emprendedor, cantante o lo que sea.

O aún más sencillo, haciendo cosas sencillas y significativas para ti. No tiene por qué ser algo grande, como "salvar el mundo". Primero, ya lo hiciste con tu amor. Solo eso ya es un regalo. Se trata de lo que te llena y te satisface en lo más profundo de ti. Ahora, te permites ir allí y hacerlo saboreando cada delicioso momento. Ya sea jardinería, punto, costura, ciclismo, cualquier cosa. Eso es.

Ha llegado el momento de vivir.

Y da tu amor.

Y sigue el amor de tu alma.

Y ofrécelo al mundo.

Tu mundo o el mundo en general.

O incluso más sencillo,

El mundo de tu corazón.

Es lo mismo.

Porque todos estamos conectados.

Por nuestro único y verdadero nombre.

El nombre sagrado del amor.

Y cuando hay más amor y alegría en cualquier lugar.

Hay más amor y alegría por todas partes.

Ahora formas parte de este amor que hace avanzar a la humanidad.

Namasté.

Eres un maestro

¿Qué es un maestro? ¿Es uno que se levanta de nuevo y abraza su vida? Signifique lo que signifique, y estén a la altura de la alegría de su tarea. Más que el reto, la alegría de su vida, y simplemente vivirla de verdad y ser tú. Eso es un maestro, cierto y verdadero. El verdadero viaje de toda una vida. Para ser feliz.

No ves lo que es imposible. Ves lo que es posible, verdadero y bueno en tu corazón y en tu vida. Ves el conocimiento superior y dejas que guíe y tranquilice tu camino. Mantén la fe pase lo que pase. Honras toda vida como si fuera tuya. Te honras a ti mismo.

Sí. Eres un maestro, es verdad.

El resultado: eres el amor desatado en la flor eterna

El flujo eterno del corazón y del alma

La fluidez es una cualidad atemporal.

Todo el mundo se dedica a esto y aquello o se esconde detrás de un título profesional, una etiqueta u otra. Aunque todas esas cosas son importantes y necesarias, si no necesarias, nada supera la verdadera conexión y vitalidad con uno mismo y con el alma, que luego se traduce en todas las áreas de la vida. Tú no eres tu título; tú eres.

Cuando has encontrado la razón, el propósito, tu lugar dentro y fuera, ya no hay preguntas; existe y sólo existe el ser. Del ser puro nace la acción pura e inspirada. Eso se llama alineación.

Es sólo en el aspecto del ser del que surge todo lo demás: el flujo del alma. La fluidez es una cualidad atemporal, marcada por una energía ilimitada y un corazón y un alma abiertos. ¿De qué otra forma se supone que debe fluir?

Este eres tú ahora. No necesitas leer un libro sobre la fluidez. Simplemente lo eres.

Paz y pasión del corazón y del alma

El fuego del propio espíritu.

La verdadera toma de vida es cuando sientes que el fuego te quema vivo. Puede o no ser una pasión o un propósito para una causa concreta, pero la pasión por la vida y por vivir arde en tu corazón y en tu alma. Ese es tu propósito. Vivir. Porque comprendes el precioso regalo que es esta vida, no importa cuál sea, es un regalo profundo que te conmueve hasta las lágrimas.

Sin embargo, no podrías sentir este fuego sin paz. Hay una fuerza tranquila y silenciosa que emana de tu ser. Ese es el resultado de tu trabajo interior continuado y de tu fe. Eleva tu vibración cada día. Simplemente haciendo el trabajo, pero más que trabajo. No es trabajo. Solo querías vivir en paz y saber lo que eso significa. Así de sencillo. Nada profundo, pero el deseo de vivir y no sufrir más. Eso es lo que inició este viaje en primer lugar.

A medida que vamos quitando capas, se desciende al nivel del ser. Que solo sigue profundizándose a medida que vivimos, pero la paz y la pasión del alma son innegables. El fuego y la calma. Este eres tú ahora. Tú eres uno.

Alegría en el corazón y en el alma

Te has permitido ser tú mismo.

Lo que has hecho es tomar las riendas de tu vida. Cuando sabes que tienes el control total, te despiertas, actúas y eliges las cosas que deseas traer a tu vida desde ese lugar.

Por lo tanto, a medida que continúes haciendo tu trabajo interior, mantengas el amor en tu corazón y elijas el camino amoroso, más amor crecerá dentro de ti como tú, porque se necesita verdadera fuerza para viajar sobre el propio ser. Hizo falta la fuerza del corazón y el poder del amor.

Ese poder te permitió cambiarlo todo a tu favor, incluso a ti. Parece una petición imposible, pero en realidad no lo es tanto. Es una inevitabilidad y una eventualidad para cualquiera que elija esto, porque estás en el poder de tu luz. Sí, más poder, el poder de la verdad de quién eres en tu núcleo, lo que también significa más alegría en el corazón. El verdadero poder no es la fuerza o la fortaleza, sino la fuerza del corazón y del carácter.

¿Cómo no ser feliz cuando se está en el corazón? ¿Cómo no sentirse lleno y alimentado por unos niveles tan intensos de gratitud abrumadora y desbordante por estar aquí ahora? Decirlo por fin, decirlo en serio y saber que es verdad. La alegría de la gratitud absoluta por haber llegado tan lejos dentro de nosotros mismos para permitirnos ser nosotros mismos, signifique lo que signifique. Esta es la apertura del capullo, la flor de tu conciencia, y ese es el viaje del corazón. El viaje de toda la humanidad. El viaje del amor a medida que se define y se refina como quien eliges ser en el aquí y ahora, en esta amada eternidad. ¡Oh, la dulce serenidad!

Esto es alegría pura y desenfrenada. No por ninguna razón, sino simplemente porque lo eres. Si esa no es la mejor razón, no sé cuál es. Ser feliz sin motivo es una razón excelente y válida que todos deberíamos adoptar. Porque la alegría y la risa aligeran el corazón y el alma y la llenan así.

Has elevado tu vibración hasta cierto punto; ahora sólo eres tú. No es que seas superfeliz todo el tiempo, falsa, o que estés representando un papel de cualquier manera. Aún así, hay mucho por lo que estar feliz y agradecido, simplemente por toda la belleza de este mundo. Es difícil negar e ignorar lo que simplemente es, como quizás hiciste una vez... ¡ya no! Y nunca lo volverás a hacer.

La vida es fuente de alegría.

Tú eres tu fuente de alegría.

El amor tiene el poder de abrir puertas.

La alegría también tiene el poder de abrir corazones y almas.

Este eres tú.

El mundo se ha abierto, porque tú te has abierto.

Te has abierto al mundo de tu corazón y de tu alma.

Te has abierto a los grandes océanos de amor del más allá.

Los grandes océanos del amor interior.

Los grandes océanos del amor sin.

Los grandes océanos, mares y mareas de todo el Cielo y la Tierra.

Sumerjámonos en este amor y fundámonos.

Honra este amor y luego regálalo.

Porque lo que damos se nos devuelve mil veces.

Así es como el amor nunca envejece.

Esta es la alegría de tu alma.

Bienvenido de vuelta a casa.

Deseo de dar y más desde lo más profundo de tu ser

Caminar a través del fuego de los propios demonios en uno mismo y en la vida es la cosa más valiente y humilde que uno puede hacer, porque es el verdadero quemarse vivo. Quemando todo lo que es inferior y despertando todo lo que es verdadero, bueno y bello en uno mismo y en la vida.

Supongamos que uno ha sufrido en la vida, como todos. Nadie tiene el monopolio del sufrimiento. Si uno realmente ha soportado grandes e insoportables dificultades hasta el punto de quebrar, afrontar y superar este dolor. Es un ser humano profundo. No se trata de comparar nuestro dolor. El dolor es el dolor. Eso es universal, como lo es el amor. Enfrentarse a tanto dolor es una verdadera fortaleza. Verdadero corazón, en efecto. Amor verdadero, en efecto.

Se necesita todo lo que tienes y algo más. Sin embargo, a través de este proceso, desenterramos nuestro diamante, el diamante de nuestra alma. Tienes el corazón de la verdadera compasión. Eso te da la fuerza del alma, el poder del alma, una especie de fuego que uno ni siquiera puede describir, pero lo sabes cuando lo sabes. Lo sientes cuando lo sientes. Alguien que por fin ha cobrado vida. Eso es lo que ocurre cuando nos enfrentamos a nuestro dolor más profundo y luego a nuestro amor más profundo. Es hora de darlo todo con todo tu amor.

Sea lo que sea a lo que te llamen, has dado a luz un verdadero corazón de compasión. Ya no es un recuerdo doloroso el sufrimiento que una vez padeciste, sino saber que incluso algo así también te sirvió a ti.

Ser tú ahora.

Una persona a la que quieres y respetas.

La persona que siempre quisiste ser.

Una persona libre.

Con el fuego de su alma despierto y vivo.

Con la paz y la pasión que guían suavemente.

Un deseo puro de servir al conjunto.

Aliviar el dolor que sufriste.

Esto es lo que te da alegría.

Entre otras muchas alegrías.

Y cuando es tan profundo.

Debe. Debe. Debe.

Llegar a ser.

Porque ya lo es.

Porque tú eres el amor desatado.

Bienvenido de vuelta a casa.

Capitulo cuatro

Marcadores

"Lo que hay detrás de nosotros y lo que hay ante nosotros son asuntos minúsculos comparados con lo que hay dentro de nosotros". — Ralph Waldo Emerson

Efecto péndulo

Cuando estamos empezando o en medio de ello o en cualquier momento, pero especialmente al principio cuando todo es tan nuevo, la idea de honrar nuestro amor, hacer nuestro trabajo interior, y aferrarnos a los ideales de vivir en paz viene a ti y te cautiva tanto. Comienza un viaje totalmente nuevo, un viaje profundo que uno no puede ni empezar a expresar.

Como la vida es como es, la vida nos pasa a todos, y surgen contratiempos que pueden distraerte, desmotivarte y desmoralizarte en tu camino. Te desequilibra mientras vives la ansiedad, la agitación y el malestar interno. El tipo de bajón emocional que provoca una pesadez en nuestro interior durante días, incluso semanas o meses. Luego, por desgracia para algunos de nosotros, incluso durante años o toda la vida.

¿Te ha pasado alguna vez? Cuando estás tan herido emocionalmente que no puedes salir de esa depresión durante lo que parece una eternidad y durante el tiempo que sea necesario, todos los días están llenos de temor y pesimismo, aunque no pase nada. La proverbial nube oscura sobre nuestras cabezas, como suele decirse. En primer lugar, es el poder de nuestra mente no entrenada.

En segundo lugar, a medida que realizamos nuestro trabajo interior y superamos estas emociones y acontecimientos, recuperamos nuestra compostura interna y volvemos al equilibrio con el tiempo. Piensa en un péndulo. Cuando estás en reposo, la bola oscilante está en el centro. Cada vez que ocurre algo, la pelota empieza a balancearse, y el impulso y la gravedad se encargan de mantenerla en movimiento, y va y viene. Con el tiempo, vuelve al centro, ¡porque debe hacerlo!

Del mismo modo, no importa lo lejos y lo ancho que oscile nuestro péndulo con todos los frenéticos trastornos por los que pasamos, a medida que hacemos nuestro trabajo interior, siempre volvemos también al centro. Sin embargo, con cada precioso acontecimiento, aprendemos más sobre los demás y, lo que es más importante, sobre nosotros mismos. Dicen que el tiempo lo cura todo. Sin duda ayuda. Además, aprendemos a equilibrar y gestionar nuestra energía con la de personas de energía variada y diferente a la tuya. Cada persona que conoces está operando desde un nivel y grado de tono vibracional diferente.

Con el tiempo, ese péndulo sigue oscilando, pero cada vez volvemos al centro más rápido, más deprisa o mejor. Primero, se balancea alto, bajo y ancho; ¡oh, tan ancho! Claro que sí. Sin embargo, dentro de un tiempo razonable, dentro de un tiempo divino, dentro del tiempo adecuado, la distancia entre la oscilación de la pelota y el centro disminuye con cada pasada. Ese es el efecto de tu trabajo interior y de tu crecimiento y, por tanto, de tu capacidad para gestionar todos los retos de tu vida.

No se trata de que no vayan a ocurrir cosas o de que seas tan experto, omnisciente y omnisciente que puedas escapar de los retos ahora. Es más bien que has aumentado tu nivel interno, tu conocimiento y tu capacidad para gestionar lo que pueda venir con un sentido de ti mismo más profundo, más elevado, más arraigado, en cierto sentido, con lo más de ti. Por lo tanto, naturalmente, a medida que elevamos nuestra vibración, las cosas se aferran cada vez menos, el tiempo disminuye cada vez menos, y las cosas te afectan cada vez menos. Lo procesas fuera de tu sistema más rápido. El péndulo no oscila durante mucho tiempo, no tanto como antes. Vuelves al centro más rápido.

No has perdido unos meses en el proceso como antes, lo que significa más tiempo para apreciar y disfrutar del precioso regalo llamado vida que se nos ha concedido. A medida que crezcas en tu viaje, verás el milagroso efecto curativo del trabajo interior que diste a este empeño y a cada acontecimiento de tu vida. Sabes que estás en el buen camino cuando notas que las cosas cambian más rápido para ti.

Así que, ¡ánimo! ¡Mantén la fe!

Es en momentos como estos cuando nos crecen espirituales abdominales de acero.

Porque momentos como estos son demasiado valiosos para nombrarlos.

Verás, con el tiempo, cómo todo está al servicio de lo sublime.

¡El mayor despliegue de ti mismo es divino!

Liberarse del apego a la idea de llegar a ese "subidón"

Si, en tu viaje, experimentaste ese momento de conciencia como yo, entonces sabes lo que se siente. Puede que no sea extremo, pero cualquier pedacito sigue siendo así de potente e impactante y puede cambiar nuestras vidas y nuestra forma de verlas y enfocarlas, lo que desencadena este proceso y viaje.

Cómo, durante los primeros años, si no durante bastante tiempo, deseas, y deseas, y deseas poder volver a eso. Volver a estar en la dicha. Volver a estar en paz. Volver a estar en gracia. El dolor de eso es pura tortura. Porque ¿cómo empezamos siquiera a justificar y rectificar la realidad de todo lo que vivimos a la realidad que es ahora? La realidad que vive en nuestros corazones, a la realidad actual. Esta misma realidad que sabemos que es verdad con todo lo que somos y cada fibra de nuestro ser. ¿Cómo podemos siquiera empezar a conseguirlo, por no hablar de expresarlo y explicarlo a los demás?

También es nuestro apego a lo que nos mantiene en nuestro sitio. No estoy seguro de si eso es algo que uno puede aprender a soltar leyendo, sino más bien aprender viviendo. Porque en ese mero acto, estando con nosotros mismos y experimentándonos, aprendemos a desapegarnos y a estar aquí ahora, sin importar lo hermoso que fuera cualquier momento. Esa es también la belleza y la gracia de lo que es.

Para que empieces a ver, incluso un momento de tal magnitud lleno de gracia exquisita e indescriptible es igual a todos los momentos cotidianos, incluso simplemente sentarse en su café local y sorber una taza de café recién hecho. Sí. Porque si estamos verdaderamente presentes en lo que es, ésa es la paz y la dicha que conlleva y trae. Ese es el poder de la presencia. La presencia real es una curación, una liberación, un despertar y una vivificación completos y totales, un reencuentro con el ahora, un reencuentro contigo, un reencuentro con el amor mismo, un reencuentro con toda la vida misma.

Esto nos recuerda que podemos esforzarnos suavemente por liberarnos de ese apego. El subidón no es la meta, por mucho que lo desees o por muy bueno que sea. Eso lo entiendo; el subidón llegará pronto al punto en que cada día que respiras es igual de dulce, querida. Eso es lo que te espera si te mantienes fiel a tu camino y vives. Ya no será un subidón, sino tu realidad cotidiana. Ese es el camino del amor. Empiezas a ver con los ojos del amor.

Viviendo el presente

Cuando estamos anclados en el ahora, ocurren muchas cosas, aunque no pasen muchas. Primero, tu corazón está simplemente abierto. Solo eso ya es un regalo. Estás completamente en tu cuerpo. Estás plenamente en tu flujo. Así es como canalizamos lo divino en este mundo. Que lo divino que hay en ti se manifieste en todo lo que haces. Estar presente es el ancla de este mundo al siguiente, y tu corazón es la puerta con la que todo se conecta.

Esto ocurre cuando anclas la luz, haces tu trabajo interior o incluso intentas ser una buena persona, es decir, escuchar a tu corazón. Esa es la recompensa. Recibes los frutos inestimables del deseo de tu corazón. Pensabas que se trataba de vivir una buena vida y ser una persona decente, y lo es, pero lo que recibes es más inconmensurable que lo que das a cambio. Cuando honramos nuestro amor, recibimos amor. Nos recibimos a nosotros mismos, a nuestro yo más profundo, a nuestro verdadero yo, a nuestro yo completo, y eso sólo sigue creciendo para siempre en flor, la belleza de ti.

La verdadera presencia es una reconexión con la paz, la dicha, la curación, la liberación, la recepción, la renovación, el despertar, la vivificación, la tierra, el reencuadre, tú, el amor, la vida, toda la vida misma, lo más, lo más allá de lo más, y lo más allá incluso de eso. Es, en todos los sentidos, una especie de verdadera unión. Del tipo más puro. Tú. Ser, y ser tú, querido. Una verdadera conexión con uno mismo es también una conexión con todo lo que es.

Todo gira en torno a esto: aprender a estar presente. Presentarnos a nosotros mismos. Que también significa: sé fiel a ti mismo. Porque si estamos realmente presentes a lo que es y a lo que está dentro, o incluso más simple, si sólo escuchamos a nuestro corazón, entonces podemos oír la llamada interior que nos guía en la dirección de nuestra mayor alegría, nuestro destino que fue predicho. La semilla del alma que desea ser y respirar en esta realidad de tiempo y espacio. Porque todos tenemos una chispa de lo divino.

Sin embargo, eso requiere presencia y estar presente ante nuestras emociones y ante nosotros mismos. Ese es el viaje. Te honro en tu viaje. Para quien se esfuerce por ser verdadero. Excepto los que sí lo hacen. Eres lo mejor de la humanidad. Porque éste es el camino de la iluminación. Aún más simple, ¡solo alegría! La vida está hecha para divertirse. Cuando te animas, te das cuenta de que es hora de vivir y divertirse.

El poder de un ser humano más presente, una persona más llena de amor, una persona más que simplemente es feliz desde su núcleo, tiene el potencial de cambiar irrevocablemente la dirección de toda la humanidad y dar a luz el tipo de milagros que el mundo nunca ha visto antes.

Porque ese es el poder de tu corazón y de tu alma.

Ese es el poder del amor.

Físico

A menudo, cuando nos estamos nivelando vibracionalmente o, en otras palabras, haciendo nuestro trabajo interior, aprendiendo a escuchar a nuestro corazón, y trabajando en nosotros mismos, con el tiempo, se puede ver el cambio dramático de trabajo de la energía a través de nuestro cuerpo físico porque todo refleja la energía que tenemos dentro.

Se nos ilumina la cara. Ya no llevas el mismo ceño fruncido ni la misma pesadez en los ojos. Poco a poco dejas de mover los ojos todo el tiempo con miedo y preocupación. Bajas los ojos de la sospecha y empiezas a llevar los ojos del aprecio. La tensión de los hombros y la espalda se relaja, y el andar pasa de ser apresurado a disfrutar y apreciar lo que trae el día. Sí, incluso los músculos de nuestro cuerpo se relajan y podemos comportarnos de forma diferente. El tono de voz puede fortalecerse con la presencia donde, como antes, era bastante bajo y manso. Puede que incluso te invada la alegría y la fluidez.

A menudo, los sanadores de cualquier modalidad empezarán a ver los cambios sutiles en sus clientes. Es el proceso natural a medida que la energía inconsciente se libera y aligera tu ser.

Es como hacerse un lifting, pero del alma, y por tanto físico. Basta con mirar a los que son tan infelices con su vida y temen cada día. Está en todo su comportamiento, su actitud y su vida.

Basta con mirar a alguien que alberga un gran resentimiento o cualquier emoción menor en su ser. Esa energía se acumula y se acumula con el tiempo; se puede ver, sentir y percibir en el ser de una persona. Está en su tono, en su forma de hablar, en cómo enfocan las cosas, en cómo las abordan, en cómo viven su vida y en cómo operan su vida. Está en todo.

O, cuando una persona ha sentido remordimiento durante mucho tiempo y finalmente ha encontrado el perdón y la redención, siente una explosión de energía y se siente libre para vivir de nuevo. Es como si se hubieran quitado un gran peso de encima y, en cierto sentido, así es. La energía de cualquier emoción menor siempre es así de pesada y lastra el cuerpo. Cuando sueltas eso, el alma se libera. Normalmente puedes notarlo en alguien o en ti mismo. Porque todo es energía y un reflejo de la propia energía.

Todos tenemos instintos viscerales sobre diversos asuntos de la vida y de las personas que conocemos. ¿Es de fiar esta persona? ¿Me caen bien? ¿Me caen mal? ¿O esto me parece bien? Todo se basa en la energía, la que llevamos y la que damos.

Todo es energía, y la energía se almacena en nuestro cuerpo.

Mental

A medida que aprendemos gradualmente a domar la mente, ésta se pone al servicio de nuestro espíritu y deja de ser la dueña de nuestro destino. Mientras continuamos haciendo nuestro trabajo interior, es posible que un día simplemente se detenga. Todos los ruidos y la cháchara. Puede parar. Es tan sencillo como eso. Simplemente se detiene. Deja de trabajar en tu contra y de luchar contra ti para convertirse en un lugar tranquilo y una fuente, si no un recurso, de y para tu mayor defensor y animador.

Mientras vivimos y crecemos en esta vida, al principio, todo lo que oímos y todo lo que sabemos es el constante parloteo mental de cómo no eres lo suficientemente bueno, cómo no puedes hacer eso, o cómo no es posible para ti, y eso es decirlo suavemente. En nuestra mente, todos nos soltamos y lo decimos todo, y no muy bien, debo añadir. Esto puede ser difícil, y para aquellos de nosotros que decimos que no hablas eso en tu mente, si vibracionalmente lo sientes, si está en repetición vibracional en tu cuerpo emocional regularmente, es lo mismo.

Además, todos tenemos una vida muy ajetreada, ya sea por los estudios, el trabajo o la familia. Haciendo malabarismos con tantas cosas a la vez o no, la mente puede derribarte y dejarte completamente agotado, y no tienes ni idea de por qué. Es porque toda nuestra energía está inmovilizada al dejarnos llevar por nuestros pensamientos y emociones. Eso es lo que ocurre cuando repetimos constantemente la misma historia; nos la contamos a nosotros mismos una y otra vez, consciente o inconscientemente. Como un diente de león soplado por los vientos, nuestra energía se gasta y se dispersa con todo el parloteo mental negativo, ya que nos cierra los ojos a la verdad de lo que es.

Las desintoxicaciones mentales son estupendas para esto. Aquietar la mente ayuda, pero nadie puede meditar 24 horas al día durante 365 días seguidos a menos que tú lo hagas. Sin embargo, la mayoría de nosotros tenemos vidas que vivir y cosas que hacer. Aunque en un nivel, la verdadera presencia es en sí misma una meditación despierta. Mantener el amor en nuestros corazones también tiene el mismo efecto.

Por último, una nota importante es que la meditación diaria hace crecer la conciencia consciente y crea el espacio entre el parloteo para que surja la conciencia silenciosa. Para la mayoría de nosotros, es un proceso lento y gradual; para unos pocos, puede ser instantáneo. Es raro, pero puede ocurrir. Como la manzana que cayó sobre la cabeza de Newton cuando descubrió la ley de la gravedad o el famoso momento Eureka de Einstein cuando descubrió la relación entre energía y masa, también conocido como $E=mc^2$, o incluso simplemente como Buda cuando se sentó junto al árbol bodhi aquel fatídico día que cambió su vida para siempre. El resto es historia, como suele decirse.

La perspicacia llega cuando llega. Llega en diversos grados según el nivel de nuestro permitir y recibir, pero cuando llega, ciertamente llega.

Pero, aparte de eso, ¿qué hacemos? Pero, aparte de eso, ¿qué hacemos? Te comprometes a simplemente sentirte bien y a no dar rienda suelta a ningún pensamiento negativo en tu mente que pueda surgir diciéndote lo feo, estúpido, tonto, gordo, flaco, cualquier afirmación menos que te surja hacia ti mismo o hacia los demás. Nos comprometemos a no ir allí y ver qué pasa. Puede tardar un mes o un poco más. Aún así, te prometo que si lo haces a tiempo, se detendrá, o al menos, verás mejoras notables, ayudándote drásticamente en el viaje de tu ser. Los beneficios se reflejarán en tu vida porque es una respuesta energética a una liberación energética.

Sin la etiqueta de desintoxicación mental, significa simplemente comprometerte con tu verdad, tu corazón y tu amor. Es el nivel de integridad y los estándares que mantenemos para nosotros mismos y el calibre que deseamos mantener en nuestro ser. Eso es todo lo que es. Por tanto, va más allá de una desintoxicación a corto plazo para convertirse en un hábito arraigado y una forma de ser integrada. Por supuesto, al ser humanos, a todos se nos olvida de vez en cuando, pero esto es lo que es y por qué es tan poderoso. Se cuida en todos los frentes y a todos los niveles si nos mantenemos firmes. Nos mantenemos fieles al amor. Sí, si actuamos por y a través del amor.

Y llegará el día; es como ¡WOW! Nunca olvidaré el día en que experimenté una quietud tranquila, calmada y nutritiva en mi mente, aparte de ese momento inicial que lo empezó todo. Me comprometí, y ni siquiera sé por cuánto tiempo, pero decidí hacerlo. Entonces, una noche, mientras conducía a casa desde el trabajo por primera vez, no oí que fueras tan estúpido ni surgió en mí ningún pensamiento, emoción o ansiedad. Se hizo el silencio por una vez, y luego me invadió un silencio más profundo. Me dejó alucinada hasta el punto de que me recorría un escalofrío por todo el cuerpo, porque el marcado contraste entre el antes y el después era increíble, sobre todo cuando el parloteo no mental se había practicado durante tanto tiempo, consciente e inconscientemente. Esto dejaba un campo de amplitud tangible pero indefinible, también increíble.

Entonces, lentamente, oí una voz diferente. Está bien, estás bien, lo conseguirás. Estaba alucinada, alucinada de nuevo. Esto fue realmente surrealista porque me resultaba extraño experimentar amabilidad y calidez por mi parte, y sin embargo, oh, qué reconfortante era tener un amigo.

Así que sí, ¡a las desintoxicaciones mentales! No hace falta que se lo digas a nadie. Hazlo y punto. Puede ser un juego divertido que juegues contigo mismo y veas qué pasa. ¿Qué tienes que perder sino todo por ganar?

Con el tiempo, pueden surgir cosas, disgustos y más disgustos en abundancia, pero tu mente ya no está en guerra contigo en modo de aniquilación total 24/7. Ahora puedes trabajar a través de las cosas y procesar las cosas con y desde un mejor punto de vista, desde un lugar de amorosa bondad interior, y si hay un obstáculo, de lo contrario, por una duración mucho más corta. En cualquier caso, sea lo que sea, ahora por fin estás de tu lado, porque tú eres el amo de tu mente y no al revés.

Emocional

Las emociones son siempre una señal, un indicador de dónde estamos por dentro. Supongamos que mantenemos la fe e intentamos trabajar emocionalmente, fragmentar o desprendernos del caos de nuestras emociones. En ese caso, empezamos a ver que eso es todo lo que es, otro punto y conjunto de datos de lo que está ocurriendo dentro de ti.

Las emociones son el mayor regalo de la vida. Sentir la profundidad de lo que somos y la profundidad de la vida misma. Sentir el manantial, la profundidad desbordante, abrumadora, abarcadora del amor interior y exterior, es uno de los mayores honores y alegrías. Aún así, se trata de afinar nuestra receptividad emocional y nuestra capacidad de percepción, de elevar nuestra conciencia y de hacer nuestro trabajo interior para que podamos empezar a escuchar la profundidad de nuestro ser.

Cuando alguien ha luchado con cualquier adicción, lucha mental, emocional o física, una vez que trabajas a través de eso y lo liberas de tu sistema, te das cuenta de cómo usaste lo que fuera para adormecerte a tus emociones para evitar el dolor. Te ayudó a escapar de ti mismo y de tu realidad en lugar de simplemente estar aquí y ahora. Después de superar algo tan tremendo como eso, sea de la forma que sea para ti, y todo el mundo siempre tiene algo, te das cuenta de que nunca volverás a hacerlo. Entiendes la dinámica de lo que te llevó allí, cómo y por qué. Comienza por evitar el dolor y la presencia y no tener la información superior para aprender a procesarlo y estar con él.

El mayor regalo que se nos ha dado es sentir.

Lo más valioso que puedes hacer es sentir lo que estabas evitando, todo lo que hay que sentir, y más. Porque ese es uno de los mayores placeres y alegrías de la vida, sentir la belleza de todo, la belleza de nuestra humanidad, la belleza de nuestra divinidad, y la profundidad de todo ello mientras vivimos y respiramos.

Si permitimos el sentimiento, entonces estamos abiertos; si estamos abiertos, entonces estamos abiertos al más y a todo lo que trae tanto dentro como fuera.

¿Y si lo que sientes no es bello? Siempre que afrontemos el problema con seriedad en nuestro ser, esa intención por sí sola mantendrá la energía y el espacio para que la gracia aparezca y haga lo que mejor sabe hacer: calmar, aliviar, guiar y liberar desde dentro y desde fuera. Además, la mejor parte es que la intención energética continuada, es decir, la intención sincera de tu corazón, crea el impulso para que entren y fluyan mayores percepciones de bienestar.

A menudo, las respuestas pueden o no llegar de inmediato. Mientras pasemos algún tiempo dentro de nuestro ser frente a ignorar descaradamente la situación y no asumir ninguna responsabilidad o incluso simplemente ver lo que es, eso es todo lo que necesita hacer quien no quiere resolver las respuestas a sus problemas. A todos nos pasa. Cuando uno se toma en serio el abordarlo o vive según su corazón y lo honra, de todos modos lo hacemos de forma natural. Así nos guían desde el principio.

Si ya ha pasado algún tiempo, o simplemente no consigues nada, o si es tan doloroso, sacúdelo y haz algo curativo, calmante o divertido para liberar la energía. Siempre queremos romper suavemente los patrones de energía negativa frente a permanecer allí demasiado tiempo y, a veces, caer y hundirse.

A medida que continúas esta práctica a través de la experiencia de diversos acontecimientos de tu vida, adquieres una comprensión más profunda del poder de enfrentarte a ti mismo y sentirlo todo, pase lo que pase. Empiezas a vivir de verdad con esa integridad y la sabiduría que has adquirido, esa forma de ser. Al final o al principio, nada será comparable, excepto estar plenamente presente de ahora en adelante, no tanto para recuperar el tiempo perdido, sino más bien el tiempo que ahora se encuentra exquisitamente. Por ahora, este tiempo para ti es más que sagrado y precioso, sino un verdadero honor y un regalo para vivir, que sólo aumenta en pleno sentimiento, magnitud y gracia a medida que vivimos y aprendemos lo que significa cobrar vida y vivir la vida en nuestros términos, según nuestros estándares, el estándar de nuestro precioso corazón sagrado latiendo en el seno mismo del ser.

Las emociones son nuestro sistema de guía. Sea lo que sea y estés donde estés, ¡está bien! Un dato más sobre el que reflexionar, eso es todo. Si somos amor, y sí, lo somos, entonces sentir algo menos que amor, luz, felicidad y libertad nos muestra que hay algo por lo que sentir curiosidad.

Sin embargo, con las emociones, todos tenemos una amplia gama de sensibilidad, diferentes cosas a las que somos sensibles y la profundidad con la que lo sentimos todo y más... o no. Siempre parece una carga para todos. Sin embargo, a veces puede incluso parecer una dificultad abrumadora y debilitante para los más sensibles. Para estar tan en sintonía con todo lo que no puede desprenderse. Qué desalentador puede ser comenzar nuestro viaje y vivir en y desde el corazón si todo lo que hacemos es sentirlo todo y más. Sería insoportable.

Muchos en todo el mundo pueden sentirse identificados con esto y quién no se ha sentido así alguna vez cuando las cosas se vuelven demasiado, a pesar de todo. Puedo decir que la sensibilidad es una fuerza, y esa fuerza te llevará hasta las profundidades del mismísimo Cielo y más allá.

Aquí hay verdadera gracia, ya que la sensibilidad es como empieza. Esa profundidad que sientes, sentir cada emoción en tu ser, y la sensibilidad a todo dentro y fuera es una habilidad. Es precisamente esa habilidad la que te llevará a donde quieres ir. Mientras que el resto del mundo tiene que aprender a discernir en este sentido y agudizar y perfeccionar esta forma de ser en ellos, esto es algo que tú ya tienes. Se trata simplemente de afinar y sintonizar; retoques energéticos, eso es todo. Eso es. Seamos quienes seamos y estemos donde estemos, sensibles o no, esto es para todos.

A medida que aprendemos a aceptarlo, a trabajar con ello y a comprender nuestras emociones y nuestra sensibilidad emocional, empezamos a darnos cuenta de que no es una maldición, sino la bendición más verdadera, si no el mayor de los dones; con el tiempo, también verás los dones que te acostumbran. La bendición llamada vida, tu vida, tu amor, y el amor mismo está simplemente aquí para ti.

Que incluso consigues vivir y estar vivo y dar lo más profundo de tu amor, lo más profundo de tu alegría, lo más profundo de tu ser. Sólo así te sentirás realizado, y naturalmente así es, porque siendo sensible a la propia luz, al propio ser y al propio mundo interior es como se empieza.

La apertura de la más y para siempre.

La apertura al éxtasis mismo.

Que conceptos como la dicha no sólo se escriben en los libros.

Pero una realidad probada para los que eligen.

Y todo está ahí y es posible para ti también.

Toda dicha y éxtasis son una alineación pura con uno mismo y con el alma.

Espiritual

Somos verdaderos seres espirituales que vivimos en este mundo. A menudo lo olvidamos. Por no hablar de las veces que estás rodeado de personas afines que te dicen que sí, que esto es así. Creencias aparte, incluso simplemente, personas afines que genuinamente desean vivir en su corazón como una forma fundamental de ser con la verdadera voluntad de ir a su interior para afrontarlo y sentirlo todo. Con esa actitud o deseo, hay una reverencia natural por toda la vida, nuestra vida, y la preciosa naturaleza sagrada subyacente. Hay una profunda humildad arraigada, aprecio y gracia por las delicias de todo, no importa lo que sea, con una resistencia natural para percibir y recibir todo lo que es bueno, nuestro mayor bien y el mayor bien para todos.

Para la mayoría de nosotros, o para algunos, depende de nuestro camino vital, que no suele ser el caso, y no estamos rodeados de personas y situaciones que afirmen la vida. Sin embargo, a medida que recorremos este viaje interior, empezamos a ver el milagro que eres tú. El milagro de la vida es asombroso, pero el milagro que eres tú es rotundo, porque no hay nadie como tú. Sé que esto es cierto. De todo corazón, sé que esto es cierto.

Somos seres espirituales que viven una experiencia humana. Intelectualizar esto es una cosa. Sentirlo hasta que se convierta en un conocimiento profundo y una realidad visceral es otra cosa, porque cambia radicalmente la dirección y la dinámica de la propia vida, si no la propia fuerza motriz. Sintamos esto, la profundidad misma, la verdad y el corazón de ello. Una vez que realmente sentimos profundamente el núcleo de cualquier cosa, se abren por completo las puertas que uno sólo puede soñar. Esto puede significar muchas cosas, y sí, por favor, deje volar su imaginación. De esto están hechos los cuentos de hadas. La palabra cuento de hadas no hace justicia a la realidad de esta gloriosa maravilla y verdad que forma parte de nuestra vida cotidiana, pues es mística y mágica en su acción y atracción divinas. ¡Qué satisfacción!

Todo en esta vida nace del espíritu y de la energía. Nuestros deseos tiran de él de un mundo a otro para que todos puedan llegar a disfrutar, apreciar y compartir la belleza que uno dio a luz, ¡especialmente tú!

Esa es la base de la ley de la atracción y su naturaleza espiritual. Todo es espíritu; tú eres espíritu; por lo tanto, como espíritu, tienes la fuente ilimitada y el poder de atraer a esta realidad de tiempo y espacio los deseos más profundos de tu ser, sea lo que sea e independientemente de lo que sea. No importa lo que sea; si es un deseo sincero, es tan bueno como el oro.

Hablando de oro, a veces nos dejamos llevar por el mundo material, pensando que es malo o bueno o poniéndole una etiqueta u otra, pero independientemente del asunto, todo nació del espíritu. Tú tienes la misma capacidad de crear todos los deseos de tu corazón a tu antojo. El mundo material no es malo ni erróneo. Nuestro apego a ella y el significado que le damos determinan su valor. Sin embargo, si intrínsecamente no hay historia, entonces todo lo es.

Eres un creador poderoso, así que apreciemos la manifestación de todos y pensemos en todo lo que queremos manifestar. Este también es tu mundo, y puedes elegir y escoger todo en tu realidad hasta el último tornillo.

Eres un espíritu hermoso.

Honremos nuestro espíritu.

Energía

Donde va la energía, fluye el enfoque y todo se expande desde ese lugar. Te hace preguntarte desde qué energía estoy operando, qué energía estoy ofreciendo, qué energía estoy haciendo crecer dentro de mi ser porque eso es lo que no sólo estamos dando sino viviendo.

En cierto sentido, esto es lo que se llama karma. Ya vivimos en la energía que mantenemos dentro de nuestro ser, la cual crea los pensamientos, las acciones y el poder de atracción para hacerlo realidad. Lo que atraemos siempre está lleno de lecciones sutiles pero poderosas que, una vez aprendidas, liberan y disuelven ese karma. Ya no traes las mismas situaciones sino que creas una nueva desde un lugar interior más limpio y consciente.

Es así de simple. Todo es verdaderamente energía, y cuando los patrones energéticos se practican el tiempo suficiente, se arraigan y a veces se vuelven inconscientes de nuestro campo de conciencia y discernimiento. Pero no hay por qué preocuparse; nuestra experiencia vital es una oportunidad estimulante para liberar, renovar y refinar la verdad de lo que somos.

Como todo es energía, en un nivel básico, tus pensamientos vibran o mantienen una frecuencia, resonancia o energía particular. No es una cosa de magia; es la cualidad energética de la emoción que sostienes dentro de tu ser, es decir, la cantidad de amor que estamos permitiendo y sosteniendo o no.

Te das cuenta de que los comportamientos conscientes e inconscientes son más profundos que las conductas. Aún así, hasta las emociones más leves, uno puede sentir en su interior y cómo la energía de estas emociones desempeña un papel y se suma al impulso colectivo de uno mismo y de los demás. Todo lo que hacemos es afectarnos a nosotros mismos y a los demás con lo que ocurre en nuestra realidad interna, creando una manifestación mayor de nuestra realidad compartida. Casi parece que estemos a merced de lo que ocurra y de lo que nos traiga la vida, pero no es así.

El poder de nuestra energía enfocada magnifica cada pensamiento y sentimiento. Por tanto, no prestemos atención a lo que no la merece. Eso requiere práctica y es similar a desarrollar músculos abdominales espirituales de acero. Supongamos que te das cuenta conscientemente de la verdad y deseas sinceramente romper los patrones negativos o liberarte. Esa intención te permitirá atraparte mejor de vez en cuando, ralentizar los patrones inconscientes y, finalmente, liberarlos.

Con el tiempo, aprendes a captar las señales sutiles que te indican que lo estoy haciendo otra vez, que me estoy entregando a un pensamiento que no es el mío, que te aprieta el pecho, que tienes la espalda encorvada, que tienes la cara roja o una mezcla de reacciones. Siempre tenemos pistas de sobra para saber dónde estamos por cómo nos sentimos mentalmente, emocionalmente, físicamente, espiritualmente o, lo que es más sencillo, por la calidad de nuestra alegría. Todo esto es cómo se está utilizando y dirigiendo nuestra energía en ese momento, y una vez que tomamos conciencia de ello, podemos curiosear, reajustar y volver a empezar. Esa es la definición misma y la base de lo que llamamos milagro.

Toda la vida es energía, y ahora tú eres el verdadero mago de este mundo y del próximo. Eres un ser magnífico que puede aprovechar su energía y crear lo que quiera por el poder de su intención y enfoque. Concentrarás y utilizarás tu energía al servicio de tu bien mayor, es decir, del todo mayor.

Porque somos uno.

Y uno somos todos.

Sincronicidad

Siempre hay sincronicidades en la vida. Todos formamos parte de un todo que nos guía a todos, seamos quienes seamos, vengamos de donde vengamos o hayamos hecho o dejado de hacer. Así de divinamente guiada está toda la humanidad. Sin embargo, supongamos que realmente emprendemos el viaje hacia el interior. En ese caso, las sincronicidades casi se producen aún más, en grados e intensidades mucho mayores. Siempre están ocurriendo, pero ahora tenemos los medios para ver el sentido y reconocer la extraña naturaleza de lo que es y de lo que ocurre a nuestro alrededor ante nuestros ojos.

Pero, ¿no es siempre así? ¿Cuántas veces tenemos la respuesta en la punta de la nariz? Cuando estamos preparados, por fin estamos listos para mirar hacia allí y empezar a ver lo que hay. No sólo en este aspecto, sino en todos. Cómo todo está siempre a tu disposición en todo momento. Sólo es cuestión de perspectiva, tiempo y tiempo divino.

En el pasado, a menudo, las bendiciones afortunadas salían del campo izquierdo y se desplegaban ante tus propios ojos justo cuando más las necesitabas o no, abarcando desde la más grave de las situaciones hasta las sorpresas divertidas, ligeras y afortunadas que hacen cosquillas a nuestro ser.

Pero a pesar de ello, de la gran abundancia que se derrama sobre ti y que parece surgir de la nada, te encoges de hombros y lo calificas de mera coincidencia. No te diste cuenta ni lo asimilaste todo, simplemente todo lo bueno de tu vida y saboreaste su dulzura. Las cosas buenas, los buenos sucesos, los buenos acontecimientos, las buenas sincronicidades, las buenas bendiciones, la gente adecuada, el momento adecuado, el lugar adecuado. Simplemente todo lo que es bueno, toda la maravilla y la gracia, y los milagros cotidianos que tienen lugar en nuestras vidas desde lo grande a lo pequeño.

Estamos tan entrenados para buscar lo que está mal y lo que es malo a menudo porque nuestro sueldo está ligado al nivel de problemas que resolvemos que, naturalmente, tiene sentido ser proactivo en este sentido. Sin embargo, ¿te has dado cuenta de que a veces, si una estrategia funciona en un área de nuestras vidas, llevamos ese mismo enfoque a todas las demás áreas de nuestras vidas porque la forma en que hacemos una cosa es la forma en que hacemos todas las cosas? Entonces, naturalmente, cuando nuestra mentalidad está entrenada para ver de una manera y desde una perspectiva, ¿cómo podemos empezar a ver lo que está ahí todo el tiempo? Como todos los milagros que son y el milagro que realmente eres. Porque lo eres, lo sabes. Eres un milagro.

Sí. Eres la mayor sincronicidad en y de este mundo. Todos los factores que tuvieron que alinearse para sacarte adelante. El mero hecho de que existas es una declaración en sí misma. La verdad es que los milagros y las sincronicidades son más comunes de lo que crees, de lo que muchos pueden pensar. Sólo si abrimos nuestros corazones, todo brillará y parpadeará como estrellas centelleantes en la gran pista de la telenovela del Cielo.

Ésa es la cuestión: la mente sólo lleva a cualquiera y a todos hasta cierto punto. Siempre es el corazón el que te lleva a casa. El corazón que abre la puerta. El corazón que pide más. El corazón que da y trae guía. El corazón que te habla. El corazón. El corazón. El corazón. Es el corazón el que lo libera todo. Es por y a través del corazón que damos. Es por y a través del corazón que recibimos. Es por y a través del corazón que incluso respiramos.

Así que, la próxima vez que ocurran bendiciones o milagros, o cosas malas o estresantes, al menos hazte un favor e intenta ver el cuadro completo en lugar de una pequeña porción. Amplíe la imagen, imagínese el panorama general y pregúntese qué puede decir. Puede que obtengas una respuesta. Afirmar lo bueno y ver lo bueno. Porque está ahí, de ese modo, cuando recibes una bendición, cuando se te muestra de un modo u otro, ya sea dentro o fuera, puedes afirmarla y reconocerla sinceramente en tu interior. Cuando surgen contratiempos, puedes darte perspectiva, respirar y dejar espacio para que surjan en tu interior la inteligencia natural y la perspectiva superior. El mundo no se está desmoronando, y hay más de lo que parece, y todo es cuestión de tiempo.

Entonces, toda nuestra vida es sincrónica, y lo divino está en juego. Como todo es y como todo sirve si tan solo lo dejamos y lo permitimos en nuestras vidas y en nuestros corazones. Entonces, nuestra vida se convierte en nuestro propio arte.

Conexiones del alma

Se ha hablado mucho de las conexiones del alma. Tanto si es fantasía, pura especulación o tiene algún mérito significativo y base en la realidad, es una idea divertida con la que soñar despierto. Es lo que todos hemos hecho alguna vez, soñar con el amor de nuestra vida, con un amor de algún tipo, o con alguien que nos conocerá con un solo suspiro. ¿Puede existir un amor así? ¿Sucede eso en la vida real? ¿En qué se basan todas estas mágicas historias de amor? Por último, la pregunta más importante es ¿cómo los conozco?

La idea de que hay alguien ahí fuera, si no varios alguien especiales, que resuena contigo a nivel de tu ser es un concepto fascinante que muchas novelas románticas intentan captar y con el que han corrido. Sin embargo, la verdad es que cuando uno está realmente en el viaje del despertar o del descubrimiento interior o del viaje de vuelta a su corazón, es decir, a ti, suceden cosas como ésta. Naturalmente, debido a que has desarrollado tu conocimiento consciente lo suficiente como para saber honrar el propio corazón, estás adoptando una postura vibracional diferente en la vida, y eso es lo que estás atrayendo: tu corazón abierto.

En un nivel básico, cuando tu corazón está abierto, estás abierto a la vida, a nosotros mismos y a todas las ideas que tu corazón crea y luego toma. Tal vez incluso abierto a todas las ideas que el cielo guía y da al liberar las compuertas de la inspiración. Y no sólo eso, sino que te complace tomarlas y hacerlas. Estás operando desde un lugar de alegría frente a la carencia. ¿Es tu yo superior o eres tú? Todas son grandes preguntas, pero el corazón es el corazón, y eso es todo lo que cualquiera necesita saber.

Sin embargo, en este viaje, de vez en cuando o ocasionalmente, te encuentras con una verdadera conexión afín que es tan extraña que te vuela la cabeza y te lleva directamente al corazón. Del tipo en el que, al conocer a alguien, al cabo de un tiempo, si no inmediatamente, reconoces una conciencia más profunda, un reconocimiento de algún tipo, en el que instintivamente sabes, comprendes y sientes quién es esa persona, cómo opera en el mundo y en sí misma, su personalidad, sus valores, su sensibilidad, su forma de ser, su corazón, simplemente ella.

Cuando digo que te lleva directamente al corazón, no es una afirmación trillada ni una exageración. En todo caso, puede que se quede corto, porque la verdadera experiencia del corazón, por no hablar de compartirla con alguien, es algo que nunca se olvida. No hay palabras en la vida para articular esta profunda belleza, cuya profundidad no conoce límites, de ahí que su altura tampoco los conozca, lo que en última instancia significa pura alegría desenfrenada y todo lo que ello conlleva.

Puede experimentar una risa incontrolable, vértigo, alegría y excitación. Si eres una persona tímida, todo eso te abandona. Si eres una persona abierta y exterior, experimentas la quietud y la presencia. Todas las partes experimentan apertura y libertad. Derrite todas tus defensas y tu corazón se abre como una flor. Ha encontrado una coincidencia vibracional en esta vida, y tu capullo se ha abierto. Los nutrientes eran un amor suave tanto interior como exterior, el reconocimiento de un alma afín.

Ese dicho de que no conoces el amor hasta que lo encuentras. No sabes lo que no sabes hasta que lo sabes; eso se aplica aquí. De aquí viene. Cuando el corazón se abre de verdad o se encuentra de verdad a nivel del corazón, hay ternura, apertura, sensibilidad, entrega, amabilidad, emoción y, sobre todo, amor. Es una experiencia; Cada. Y toda Vez

No hay un número específico per se de conexiones de alma que uno pueda tener, pero cuanto más abiertos seamos con uno mismo, y dependiendo de las circunstancias de la vida, cosas como ésta pueden ocurrir más de una vez en la vida, si no varias veces, si no unas cuantas más después. En última instancia, si nos ponemos técnicos, toda la humanidad es un alma gemela, si lo resumimos. Porque, ¿quién no es amor? Todos somos amor.

Sin embargo, para las conexiones de alma verdaderamente raras, aparte del conocimiento instintivo, te bombardean con pistas y señales desde todos los niveles de tu ser. Algunas cosas pueden volverse visceralmente aparentes para ti y abrir tus sentidos a tal grado que comiences a ver con una visión más elevada en todas las áreas de tu ser. Esto puede dejarse a la interpretación y a la imaginación de cada uno, que es como debe seguir siendo. Porque lo intangible es intangible. De hecho, puede ser y es una experiencia mística, mágica y maravillosa.

No necesitas conocer a alguien. Ya sabes quiénes son. A medida que los conoces, se confirma todo lo que ya sabes. Qué verdadero regalo y bendición es esto. Significa que estás en tu camino. Naturalmente, lo semejante atrae a lo semejante, y si estamos abiertos, empezamos a conocer a personas de naturaleza o vibración similar, o incluso más simple, un corazón similar en un grado u otro.

Por supuesto, hay que hacer las diligencias debidas y conocer a alguien con el tiempo, pero ese es el don. Es agradable conocer por fin a alguien que te llega al alma como ninguna otra persona puede hacerlo. Entonces, se convierte en la apreciación sincera de otro ser humano, a pesar de todo. Qué sagrado es eso. Qué maravilla. Qué bonito es eso, y qué bendecidos sois los dos.

Las conexiones del alma como ésta son raras; nunca se sabe cuándo aparecerán. Aún así, cada uno es tan diferente y único en todos los sentidos y encaja contigo por quién eres y dónde estás dentro de tu ser en ese momento de tu vida. Es una verdadera resonancia, la resonancia más notable, extraña, maravillosa, deliciosa y alegre.

Es entonces cuando todas las fachadas se desvanecen y caen. No es que tuvieras ninguna, pero este tipo de conexiones te abren automáticamente el corazón hasta tal punto que no puedes evitar hablar desde ese lugar, desde lo más profundo de tu ser, y compartir lo que piensas, incluso más, sin filtros de lo normal. No sólo se siente tan natural, sino que te sorprendes a ti mismo porque descubres que no puedes evitarlo. ¡Las palabras salen de ti! Y mucho menos te importa porque hablar con esta persona y pasar tiempo con ella es tan agradable, incomparable a cualquier otra amistad o persona de tu vida; es casi una especie de dicha. La experiencia de esto rompe el molde de la amistad, pues estas personas ya tienen las llaves de tu corazón.

Eso es también lo que hace el poder de la presencia. Crea y ofrece un espacio para que uno mismo y los demás puedan ser y estar como son. Ese es un profundo regalo que ofreces al estar solo porque hiciste tu trabajo interior y pudiste dártelo a ti mismo primero. Incluso si el crecimiento de la propia presencia consciente era algo en lo que estabas trabajando porque estás tan en tu corazón, se produce de forma natural, porque eso es lo que hace el corazón.

En el viaje de tu ser conoces a las personas más fascinantes. Sin embargo, eso sucede cuando tu corazón y tu alma están al mando, porque esa es la lente desde la que miras y operas, el lugar desde el que te sientes atraído y el nivel de tu ser.

Existen distintos niveles, grados y tipos de conexiones de alma. Como ya se ha dicho, algunas te golpean en lo más hondo, y otras comparten una resonancia y familiaridad en diversos grados. Te encuentras con personas que están llamadas de diferentes maneras a diferentes cosas en diferentes áreas de la vida.

Puede que compartas una pasión, una habilidad o una alegría concretas. Puede que compartáis la misma visión de la humanidad o de ver el mundo. Puede que compartáis los mismos valores profundos y sensibilidades dentro del propio ser. Puede que compartan una vocación similar, pero es difícil pasarla por alto. De cualquier manera, Dios bendiga es todo lo que tengo que decir.

Algunos momentos, si no todos, son divinos. Este es uno de ellos. Cuando conozcas a los que de verdad son afines a ti. Cuando personas como esta se encuentran, es una curación y una liberación para ambas partes implicadas, diciendo buen trabajo, estás en tu camino, y no estás solo en tu empeño y en el empeño de tu vida.

A pesar de esta conexión vital, todos tenemos nuestros caminos y lecciones en esta vida, y ellos no son diferentes, como tú tampoco lo eres. Algunas reuniones son de corta duración, de larga duración o de cualquier duración. ¿Qué dice ese refrán? La gente entra en tu vida por una razón, una temporada o toda la vida. Independientemente de lo que sea, es independiente del tiempo, porque esta persona siempre permanecerá contigo y siempre estará contigo a nivel de tu corazón. Las estaciones pueden cambiar, pero el amor es eterno.

Efecto espejo

En un grado más ligero, a veces, de vez en cuando, te encuentras con aquellos que comparten un efecto casi de espejo. Pueden o no compartir valores similares en la medida y el grado de verdaderas conexiones de alma. Aun así, comparten similitudes notables que es difícil no notar.

Puede ser una alineación de muchos factores a la vez, como tener el mismo vehículo, pasiones, sueños y dirección en la vida; puede ser cualquier cantidad de cosas. Una cosa es segura. Sin duda se dará cuenta.

Puede ser tan tonto y sorprendente como llevar un atuendo similar al de otra persona en un seminario al otro lado del país varios días seguidos, y que el único asiento libre en la clase esté al lado de esta persona. ¿Qué posibilidades hay, verdad? Era como si la vida nos pidiera que nos encontráramos y nos asegurara que lo hiciéramos. No sólo el asiento estaba libre, sino que también vestíamos igual. En toda la habitación parecíamos gemelos durante varios días seguidos. La lista de coincidencias extrañas es interminable. Cuando ocurren cosas divertidas como ésta, es difícil no entablar conversación cuando es tan evidente que empiezas a decir: "¡Vaya, vale! ¡Saludas y te ríes!

Después de algún tiempo, lo único que puedes hacer es sonreír durante el viaje. Al principio, puede que sea afirmativo y mágico. Siempre será así, pero ahora, sonríe y aprecia el gran misterio y la alegría de la vida y simplemente estar abierto a todo.

Todas las relaciones son divinas

Las relaciones elevan nuestro ser a esas alturas, porque es la verdadera expansión del corazón. Sé que las relaciones también son y pueden ser nuestra mayor fuente de dolor, ya sea con la familia, los amigos, la pareja, los compañeros de trabajo, los conocidos o cualquier otra persona, incluso la relación con uno mismo.

Más allá de todo esto, sin embargo, con todas las clases y tipos de personas que uno encuentra, todas las relaciones son divinas. Sí. Todas las relaciones son sagradas y divinas, porque cada una tiene un propósito. No tiene por qué ser un propósito grandioso o poderoso. Cada vez que conoces a alguien, conoces a otra alma, y eso es mucho decir. ¿Lo has pensado alguna vez? Cada persona que conoces es un corazón vivo, que respira, como tú. Puede que hayas crecido de forma diferente con circunstancias distintas, pero ¿quién no siente?

Nacemos en este mundo en diferentes partes y momentos con diferentes caminos y lecciones, con un plano y un propósito diferente de y para nuestro ser, así que qué bendición es todo esto que simplemente es. Cuando muchos de nosotros funcionamos con el piloto automático, es un verdadero milagro sentir y encontrarnos a nivel del corazón.

Sí, qué verdadero honor es conocer a quienes conoces y conectar con quienes conectas y compartir un momento en cualquier capacidad, aunque sea tan simple como una pura sonrisa. El amor siempre está en los ojos, y todo el mundo lo siente. Una sonrisa pura significa un momento puro significa presencia pura. Cuando compartes un momento de pura presencia, ¿no es siempre sagrado y divino? ¿De qué otra forma puede brillar nuestra luz?

Cada persona es divina, tiene la chispa de lo divino y está conectada a su manera. Cómo elegimos honrarnos a nosotros mismos, a nuestros corazones y a nuestra luz es otra cuestión, pero ese es el viaje. Ese es el viaje en el que estamos todos.

Lo que es profundamente fascinante, sin embargo, es que cada persona llega a nuestra vida en el momento oportuno, mostrándonos y enseñándonos, ofreciéndonos un regalo justo a su manera natural. La naturaleza de este don está por determinar, pero sea lo que sea, siempre nos lleva más lejos en el amor propio si se lo permitimos. Toda la vida es una elección; lo elegimos todo, incluso la experiencia y las circunstancias, consciente e inconscientemente.

Esa idea de que todos nos acompañamos a casa es más que una idea, es la auténtica realidad de lo que está ocurriendo. Toda persona bienaventurada que encuentres es un ángel, aunque no haya actuado en consecuencia, pues hay gracia divina en todas las cosas, encuentros y personas. Sólo si estamos dispuestos a abrir los ojos y el corazón para ver el sentido y saber que esto es verdad y, lo que es más importante, hasta qué punto es verdad para ti y cómo se aplica a tu vida.

Una vez que te sumerges en ese conocimiento, los regalos son infinitos; la gracia y la gratitud son infinitas. A veces, las lágrimas también son interminables. Después, la alegría es aún más interminable, ilimitada y extática.

Se enciende la luz

Entonces un día después de algún tiempo, después de años de hacer lo mejor para honrar y vivir por tu amor y continuar haciendo tu trabajo interior y liberar todo lo que surge sin importar lo que pueda ser, todo ese tiempo que pasaste no es en vano ni es un desperdicio y tiene beneficios múltiples que sólo inmediatos, porque con todo ese esfuerzo y la energía que vertiste y diste, un día, en ese día fatídico, la luz se enciende.

Sí. La luz se enciende, derramándose sobre ti mil veces y más.

Ahora has crecido lo suficiente como para tener la receptividad necesaria para ver, sentir, percibir y recibir. Ahora no se trata tanto de creer como de comprender la experiencia y la experiencia de comprender juntos.

Así comienza un viaje totalmente nuevo, más profundo, más próspero. El viaje más satisfactorio. No hay palabras para este viaje. Tu viaje. El viaje del amor tal como eres y tal como eres. Ni más ni menos.

Hay un flujo. Todas las cosas fluyen. Tu vida fluye. El mundo fluye. El universo fluye. Hay un flujo, y nosotros también formamos parte de este gran flujo. Somos parte de eso y, al mismo tiempo, somos eso. Todos somos una expresión divina del amor en todas sus formas y rostros.

Supongamos que has comenzado el viaje del despertar o, en otras palabras, el viaje del amor, del amor a uno mismo, que conduce al amor por y de todas las cosas. En ese caso, esa es la profundidad del amor mismo cuando el amor incondicional ha nacido dentro de ti. Como la profundidad del amor vuelve a encender el fuego mismo de tu corazón y de tu alma, tu vida misma, y la razón misma de y para tu vida. Es realmente una renovación a todos los niveles y en todos los frentes. Simplemente, en todos los sentidos, una persona puede despertar.

Despertar al amor es un viaje eterno. Renovarse constantemente, expandirse constantemente y evolucionar constantemente te lleva a nuevas alturas dentro y fuera. El tipo de alturas que son tan indescriptibles, uno sólo puede dar testimonio de la gran gracia que recorre cada fibra de nuestro ser y la verdadera belleza de este mundo, y es verdad. El mundo es bello porque la belleza está ahora en tus ojos, y la belleza ha nacido en tu interior; te permitiste elevarte por encima al dejar que tu corazón floreciera como una hermosa paloma blanca.

Eres un faro de luz en este mundo.

Sé que esto es cierto.

Mientras caminamos en esta vida, viajamos juntos.

Sé que a veces uno se siente solo por la razón que sea. Está bien. Es ahora mismo. Todo es temporal. Como nuestra vida. Sin embargo, nuestro amor y la verdad de lo que somos son eternos. Nuestro trabajo en esta vida es abrazar lo que somos, nuestra alegría.

Nuestro trabajo en esta vida es abrazar lo que somos, nuestra alegría. No pierdas la esperanza ni la fe. Incluso en momentos como ese, cuando el suelo bajo tus pies es arrebatado y sacudido de ti, hay gracia en todas las cosas para todos los tiempos. Esto es más que una simple hipérbole. Es la pura verdad.

Es cuestión de ver la perspectiva superior, y todo se disuelve. Todo se disuelve de verdad. Disuelve las partes de ti que necesitaban liberarse de todos modos. Te proporciona mayores reservas de energía con las que trabajar, utilizar y revitalizar con un fervor aún mayor. Con ello, una mayor determinación, corazón y compromiso para seguir adelante. Todo en esta vida desentierra lo más, lo más de ti, y entonces lo más de todo lo que es. Simplemente, cuanto más.

Sea cual sea tu fe, formamos parte de algo más grande, de un todo más grande. La propia física lo reduce todo a átomos y energía, a que no somos más que una parte de la sopa cósmica, un destello de luz en la extensión de todo el tiempo. Sin embargo, sea largo o corto nuestro tiempo, podemos ser dueños de nuestra luz y hacer con ella lo que queramos, cumplir los sueños de nuestro corazón y nuestra alma.

Mientras caminamos por esta vida, mientras seguimos manteniendo la fe, hacemos lo mejor que podemos, seamos serios, sinceros y abiertos a lo que es. Mientras nos esforzamos por hacer nuestro trabajo interior y vivir según los valores de nuestro corazón, un día, esa energía, todo ese trabajo que diste y ofreciste, a través de lágrimas y amor, dolor y alegría, todo se compone con el tiempo y crece hasta que la presa se rompe, y el flujo se enciende.

La gente siempre habla del estado de flujo, pero éste es más profundo que sentirse bien o escuchar una banda sonora suave y sentirse en paz. Es un flujo como ningún otro. Es el flujo de todo el cielo y la tierra. Es el flujo de tu corazón y de tu alma. Es el flujo unido como uno solo, junto en ti.

Todas tus oraciones. Todo tu amor. Toda tu fe. Era como volver a casa en gracia cada vez que te enchufabas a la toma de corriente para renovarte, independientemente de que la luz estuviera encendida. Cada buena acción, cada pensamiento amoroso, cada elección amorosa es así y así de profunda. Hasta que un día, te enchufas, por fin se enciende la luz y sientes un flujo extraordinario.

No hay nada que se pueda decir excepto algo que se siente. No hay duda en tu mente porque con esto vienen sensaciones aún más intensas y conocimiento. Además, nuestros dones naturales surgen de repente y se hacen aún más evidentes para ti. El deseo dentro de ti aumenta. Todo se intensifica. El aire es fresco. El aire está limpio. El aire es hermoso. La vida es bella. No tiene gafas de sol de color de rosa. Este eres tú. Esto eres tú. Puramente tú. Respiración.

Ya está.

No necesitas intentar ser feliz. Eres feliz, y más que eso. Lo eres y punto. No se trata de ser feliz siempre, sino de alcanzar y liberar esa alegría interior que no conoce límites. Con pura gratitud en el corazón, es inevitable.

Ahora comienza un nuevo viaje. El viaje para cobrar vida más que nunca. Alcanzar las cumbres del éxtasis puro. Éxtasis es otra palabra cuando estás siendo total y radicalmente tú. La dicha es sinónimo de la verdad de lo que eres. La alineación pura evoca la dicha. Ser fiel a ti hace esto.

Nunca habrá palabras suficientes para describir la alegría que sientes en tu interior. Los poetas han escrito y ciertamente intentan describir el amor inexplicable y la profundidad del amor que anula y domina nuestros sentidos y nuestras almas. Sí, en tu amor y en el flujo de tu amor, que es el regalo que te haces a ti mismo y al mundo, ésta es tu gracia, tu honor, el trabajo de tu vida y la alegría de tu vida. Amar, y dar tu amor.

Esto es lo único que te llena ahora. Nada más. Ahora, tienes más fe para seguir adelante gracias a todo el amor que diste en el pasado como cuotas. El cielo se ha abierto para ti en tu corazón. Es verdad. Porque cuando se da amor, se recibe amor. Así son las cosas.

Con esta vibración y flujo, las cosas pueden abrirse para ti más naturalmente, así que dentro de tu núcleo, mientras nos establecemos en esta nueva forma de ser, despojándonos más de todo lo que ya no sirve. Se trata siempre de una renovación continua. A medida que despertamos a la verdad de lo que somos, cada capa que alcanzamos elimina otra capa que ni siquiera sabíamos que teníamos. Es así de profundo.

Más que eso, más profundo que eso, ¡es la revitalización de tu verdad y la verdad de quién eres! Y, naturalmente, todo lo que ya no sirve ya no puede atar ni sujetar. Todo lo que tienes son lágrimas. Lágrimas. Lágrimas, y, más lágrimas. Por la vida que se te ha dado. La vida que ahora te toca vivir. Con todos ustedes en él ahora, y no sólo una parte o un pedazo de ustedes, sino la totalidad de ustedes. Más de ti. Tu corazón.

Este flujo es cuando tu corazón se abre. Aún más. Eso es todo.

Todo gira siempre en torno al corazón. Lo complicamos todo demasiado con grandes palabras, nombres rimbombantes y cosas extravagantes. La mente no lleva a nadie muy lejos, pero el corazón es el corazón. El corazón siempre te lleva de vuelta a casa y más allá.

Si este es su deseo.

Honro tu camino.

Sólo para los valientes.

Camina con amor.

Camina en el amor.

Camina como el amor.

Que Dios te bendiga.

Capitulo cinco

Herramientas, Consejos y Técnicas

"Querer ser otra persona es desperdiciar la persona que eres". — Marilyn Monroe

Meditación

Hay una razón por la que todo el mundo habla de la meditación como lo hace. Hay tantas razones científicas por las que es útil, pero eso es de lo que todo el mundo habla siempre. Así que te hablaré de cómo me funcionó a mí, simple y llanamente.

Hace mucho que no medito. Sin embargo, lo intenté. Hubo un tiempo en mi vida después de esa experiencia inicial; acababa de graduarme en la universidad y estaba empezando mi vida. Seguía deseando sinceramente saber qué había que saber para lo que no había nombre. Quería llegar a lo más profundo del amor, a lo más profundo de todo. No sabía cómo, qué hacer ni adónde acudir.

Ver algunos clips de Eckhart Tolle, Marianne Williamson, y Abraham Hicks en YouTube fue genial, pero en un cierto punto, que sólo puede llevarte hasta cierto punto. Tenía tantas ganas de entenderlo, pero no sabía cómo cambiar mi situación ni mi vida. Por no hablar de la deuda universitaria que tuve que pagar. No podía hacer una búsqueda del alma como Elizabeth Gilbert en *Come, reza, ama*, Henry David Thoreau en *Walden* o Christopher McCandless como escribió Jon Krakauer en su libro *Into the Wild (Hacia lo salvaje)*. En la historia hay quienes han emprendido ese camino interior en busca de algo, ese algo intangible, algo más, algo real, algo de otro mundo, algo que no se puede ni siquiera empezar a expresar o nombrar, algo intemporal, algo que no tiene precio, algo tan verdadero que nunca se puede volver a dejar de ver, y eso es lo que yo también quería.

Así que recurrí a los libros. Fue lo único que se me ocurrió y me comprometí a ello.

Leí más de 300 libros en un año. Perdí la cuenta con el tiempo, pero eso es lo mínimo aproximado. Puede que sea incluso más, porque a veces termino de 2 a 3 libros al día. Una estimación mejor podría ser de más de 500. Aprendí que todos los que han contribuido a la humanidad tienen algo en común. Todos meditaban. Es difícil no darse cuenta de que ese era el tema común. Eso y que todo el mundo creía a pies juntillas en lo que creía. Cada uno de ellos creía en el fondo de su alma; estaban destinados a hacer esto con su vida, y lo hicieron.

¿Era la fe lo que les impulsaba, algo más, o un poco de ambas cosas? En cualquier caso, siempre me pareció fascinante y siempre me inspiró. Me preguntaba cómo una persona llega a ser así. Tener una fuerza de corazón, un alma y un carácter tan increíbles que, al parecer, seguirían este amor hasta lo más profundo del mundo. La fe es una fuerza poderosa que puede llevarnos hasta los confines de la Tierra; es verdad, porque siempre somos el creador y el consumador de nuestra fe mientras caminamos con amor y gracia. Como muchos han demostrado.

Lógicamente, sabía que la meditación era importante. Así que, al principio, intenté meditar todos los días, pero lo dejé rápidamente con el tiempo. Cada año más o menos, o de vez en cuando, meditaba para encontrar la paz cuando ocurría algo. La mitad de las veces, no funcionaba, y la otra mitad, ligeramente sí. Durante o después de mi calvario, empezaba a ver cómo me ayudaba en cada situación de la forma más leve que lo había hecho. Era un dato más.

Me daría una mayor comprensión y entendimiento de varios escenarios, cómo se aplican, cómo alivian la situación, cómo me tranquilizan, cómo alivian la ansiedad que me rebosa hasta la nariz, cómo me dan respiro, cómo intenté aguantar. Cuando estás tan estresado, todo el mundo te dice que medites. Cuando no te queda nada, todos lo intentamos. Rezamos y meditamos. Veía los sutiles y ligeros matices y grados de comprensión de cómo la meditación puede ayudarnos en la vida, pero nunca se me quedaba grabado. Siempre tomaba notas. Los datos se fueron acumulando con el tiempo, a medida que comprendía mejor cómo se aplicaba y cómo se aplicaba a mi vida en concreto.

Entonces, un día, al menos más de 10 años después del hecho, estaba pasando por un momento extremadamente duro en el que no me quedaba nada, y lo único que se me ocurrió fue meditar, y lo hice. Medité y, de repente, pasé de estar completamente abrumada a una oleada de paz absoluta con una facilidad increíble. Todo se desvaneció poco a poco y me inundó una nueva sensación de calma, fuerza y un renovado sentido de la gracia y la fe, y mi mente se quedó en blanco. Había aceptado mi realidad por completo, lo que cambió mi realidad y mi versión de lo que estaba viviendo. Lo solté.

No me quedaba nada, y entonces lo dejé todo. Fue milagroso y a la vez tan normal, la calma que te inunda. Pasar inmediatamente de un estado caótico a una oleada de calma y tranquilidad y una paz en blanco fue extraordinario. Fue, en cierto sentido, como una suave llamada de atención al momento presente. De acuerdo, este fue el resultado más inusual y nunca me ocurrió a mí. Desde luego, no así. Fui testigo directo del efecto de conexión a tierra y de la medida en todos los niveles y en todos los frentes. El poder de la meditación en nuestra vida cotidiana y cómo influye en el curso y la calidad de nuestras vidas.

Desde aquel día, no he dejado de meditar ni un solo día. Lo he aprendido tarde. Por mucho que supiera que era bueno para ti, nunca había podido hacerlo. Ahora lo sé. Es necesario. Al final se convirtió en conocimiento visceral frente a conocimiento mental. Para mí también es un proceso, pero ahora lo equiparo a lavarse los dientes. No saldrías de casa sin lavarte los dientes, ¿verdad? No puedes empezar el día sin meditar. Es lo mismo.

Crear ese espacio antes de empezar el día es como prepararse para los milagros de la vida. O, en otras palabras, el milagro que eres tú. O, en otras palabras, los milagros de todo el Cielo y la Tierra. Cuando te levantas tras una buena noche de sueño, a veces los pensamientos del día anterior vuelven a consumir tu mente, o a veces está bastante vacía. En cualquier caso, meditar ayuda a despejar, calmar, aliviar y liberar. Te ayuda a poner los pies en la tierra.

Estás dando a tu mente un baño de leche o un baño de burbujas, un tiempo muerto de 5-10-15 minutos. Es como un respiro para poner los pies en la tierra. Como cualquier gran atleta, hay que calentar antes de cualquier ejercicio. No se corre un maratón de 10 km sin calentar. No se hace un sprint olímpico sin estirar los músculos. Del mismo modo, no afrontamos el día sin concedernos este tiempo.

Lo que pasa con la meditación es que también la complicamos demasiado. Muchas veces, se nos mete esto en la cabeza. ¿Lo estoy haciendo bien? ¿Lo estoy haciendo bien? ¿Por qué no veo el resultado? Esto es una completa pérdida de tiempo. ¿Qué estoy haciendo? Podría estar resolviendo mi problema ahora mismo. No completé los 15-20 minutos y ahora me siento fracasado. ¿No hice bien la posición del loto? Me pica la nariz. Diez minutos no son suficientes.

Por tu mente pasan muchos pensamientos sobre por qué no meditar. Cualquiera que sea la razón que tu mente produzca, diciendo que está mal, la creemos, y causa más ansiedad en nosotros mismos, derrotando todo el propósito. ¿No es de locos cómo nos metemos en la cabeza esperar un resultado frente a simplemente estar con él?

Seamos buenos con nosotros mismos y no vayamos por ahí. Cualquier cosita que puedas hacer está bien, y empieza por ahí. Todo el mundo tiene 5 minutos. Si por casualidad no, lo entiendo. Hoy en día, parece que tenemos tantas cosas que hacer, tantas responsabilidades y tan poco tiempo. ¿Quién no ha pasado por eso antes? Ciertamente yo sí. Así que te entiendo.

¿Qué es la meditación? La meditación consiste en estar presente. Estar presente significa estar contigo mismo. Lo que significa estar en tu corazón. Lo que significa estar consciente, atento y despierto. Así, la meditación hace crecer nuestra conciencia despierta. Así que, si no tienes tiempo, limítate a estar presente lo mejor que puedas, lo que creará la apertura para más. Así es como la gente sin tiempo puede meditar. Sólo tienes que centrarte en todo lo que haces y en todos los lugares a los que vas.

Dipa Ma, maestra budista de Vipassana y auténtica maestra espiritual, formó a contemporáneos estadounidenses como Jack Kornfield, Sharon Salzberg y Joseph Goldstein, llevando lo que aprendieron a Occidente. Tenía una vida complicada y encontró la paz a través de la meditación, y dijo que al final de toda su meditación, aprendió lo que es la meditación. La meditación es amor. Esa es la verdad del asunto.

Así, del mismo modo, cuando amamos, ésa es la meditación más pura. Es un purificador en todos los sentidos y a todos los niveles. Es cuando genuinamente sostenemos, llevamos y nutrimos este amor dentro lo mejor de nuestra capacidad humana que la energía, esa intención, ese deseo, si no ese corazón, esa fuerza y ese coraje, es tan profundo que naturalmente comienza una reacción en cadena y una reacción curativa, que trae y hace surgir y desentierra lo más, tanto dentro como fuera.

En cuanto a las técnicas de meditación, se oyen muchas historias, opiniones, versiones, estilos y todo lo relacionado con la meditación.

Todos conectamos con lo divino, nuestro yo superior, nuestro corazón, el silencio y la quietud o la guía de diferentes maneras. Captamos, aprendemos y procesamos la información de forma diferente: auditiva, visual y cinestésica. Naturalmente, la forma en que nos conectamos y meditamos, por no hablar de todo lo demás, también sería diferente. Se trata más bien de encontrar el camino que nos funcione.

Así que se trata de estar abierto a nuevos modos y maneras de meditar y de ser. Estar abierto a lo que es y ser compasivo con uno mismo en el camino, lo que sigue abriendo el corazón y manteniendo la mente a raya. Lo cual es una receta para el éxito total.

Hay muchas maneras de lograr el mismo objetivo. Nuestro camino es sagrado y solo nuestro. Es único para usted, como su huella dactilar. Cómo no hay dos iguales.

La meditación es esencial, vital e importante. Sí, es cierto. Sin embargo, conectarnos también es cosa nuestra.

Pero no lo olvidemos.

La pepita de oro:

El amor es la meditación más pura. Cuando nos aferramos al amor lo mejor que podemos humanamente, nos mantiene, nos sostiene, nos templa y nos libera. Mantenemos la fe; aunque sepamos o no lo que estamos haciendo o lo que está pasando o casi nada, la energía del amor es profunda. Aferrarse a eso lo mejor que podamos también es profundo, lo que tiene un profundo impacto e implicaciones duraderas en nuestra vida, porque se necesita un individuo poco común para escuchar genuinamente a su corazón y querer escucharlo, y luego hacerlo lo mejor que pueda. Que es, en otras palabras, honrar al yo. Eso significa que vuestra conexión ya es fuerte, porque se necesita una presencia consciente para estar dispuesto y abierto a escuchar el propio corazón.

Entonces, Dipa Ma dice que la Meditación es Amor.

Yo digo que el Amor es Meditación.

El Amor es la Meditación más Pura que existe.

Y el principio fundamental de toda vida, de todo tiempo, de todas las cosas. Es lo más importante.Es lo más importante. Simplemente es como todo lo que es, tal como eres, de todas las maneras que eres, simplemente como eres.

Oración

¿Qué hacemos cuando nos sentimos solos o asustados? Cuando todo parece perdido, y las cosas parecen tan desesperadas, no importa la fe que podamos llevar, si es que la llevamos, todos recurrimos a la oración como último esfuerzo para decir,

Padre nuestro,

Por favor, escúchame ahora. No sé si estás ahí arriba escuchando o si algo de esto es real, pero necesito ayuda. Necesito ayuda. Por favor, Padre, necesito ayuda. Escúchame. Ayúdame en este momento. No sé qué hacer

y tengo miedo, estoy sola y tengo mucho miedo. Por favor. Guíame. Perdona mis ofensas como yo perdono a los que me ofenden, Padre. Por favor. Ayúdame.

O, cualquiera que haya sido tu oración. Todos hemos pasado por eso. ¿Quién no se ha perdido alguna vez y ha llegado a ese punto de desesperanza?

El poder de la oración, independientemente de la fe y las creencias de cada uno, es nuestro camino hacia la paz.

Qué alivio cuando no sabes qué hacer, a quién acudir, adónde ir, o casi nada, siempre está la oración. La oración calma y alivia todas las cosas.

Nos da esperanza para el futuro. Nos permite liberar nuestros pensamientos y sentimientos. Nos proporciona conexión y comunión. Nos da tantas cosas que uno no puede ni nombrarlas ni comprenderlas.

A veces, me preguntaba si se escuchaba algo. ¿Sería posible? ¿Hay alguien ahí arriba? ¿Qué está pasando? ¿Es posible hacer realidad todas sus oraciones y sueños? Y a veces dejas de pensar en ello porque tienes muchas cosas que hacer.

Sea cual sea nuestra fe y esté donde esté, o incluso si no lo está, el ser humano es humano, y el ser humano es divino, y con el tiempo adecuado, todos nos decidimos. Esa es nuestra elección individual.

Sin embargo, a pesar de todo.

La oración es conexión. La oración es unión. La oración es paz. La oración es el cielo. La oración viene del cielo. La oración es el regalo que te haces a ti mismo, igual que la meditación. La oración es la liberación de todo lo que aprecias, todo lo que tienes cerca, todo lo verdadero, significativo y eterno, simplemente la energía de todo tu amor realizado al fin.

La oración es tu paz al poder.

El poder de tu corazón y tu alma alineados.

El poder de tu corazón y tu alma energizados.

El poder de tu corazón y de tu alma que empieza a brillar.

Cada oración es como poner un céntimo en la hucha del amor, en tu hucha y en toda la hucha.

Con el tiempo, crece y crece, y el interés de la energía compuesta toma el relevo. Todos los licenciados en matemáticas saben lo que es eso; el crecimiento es ilimitado e interminable. Sin embargo, en este sentido, era la energía del amor que ofrecías y dabas a cada momento y cada día. Los momentos en los que sabías qué hacer. Los momentos en los que no sabías qué hacer, y todos los momentos intermedios. Incluso los momentos en los que también lloraste: lágrimas felices, lágrimas tristes, simplemente todas tus lágrimas de amor.

La apertura y la rendición siempre liberan.

La oración es tu camino hacia la paz.

¿Qué es la oración? Es una fuerza que centra y enraíza. Es donde abres tu corazón y liberas lo que se acumula ahí dentro en ese momento. Lo que requiere presencia, concentración y claridad para abrir, discernir y liberar. Estás procesando tus emociones, lo que significa que las estás afrontando y sintiendo, trabajando a través de ellas y liberándolas. Afrontar y sentir cualquier cosa es siempre la mitad de la batalla, si no la batalla entera.

Cuando reflexionamos sobre la vida y nuestro viaje, ¿no hubo momentos en los que no querías verlo o no estabas preparado para afrontarlo a pesar de lo que tu mente te decía? Lo intentaste, pero ¿lo intentaste? Está bien, sea lo que sea. Cosas como ésta, abrirse emocionalmente a las emociones más profundas de uno mismo, son difíciles y a veces pueden dar miedo. La oración nos permite soltarlo todo si lo permitimos y conectar y reconectar con nuestra fe y con nosotros mismos, encontrando así poco a poco la manera de elevarnos por encima del caos de este día y encontrar de nuevo un suelo firme en el que apoyarnos por dentro y, por tanto, por fuera.

Algunas personas rezan desde su mente, pidiendo a Dios milagros, dinero o algo así. Sin embargo, algunos rezan con el corazón, más profundamente que con la mente, hasta las emociones y los detalles más nimios de nuestros sentimientos y cuerpos sensibles. Rezar con todo el corazón.

Eso es la oración; una oración especialmente buena es cuando tú estás presente.

Y cada oración que das abre tu corazón.

Y ese es el poder de la oración.

Es el flujo y la liberación del amor.

Que vuela como una paloma.

Y toca los Cielos de lo Alto. Amén.

Por último.

Sí, tu vida es tu oración.

Tu vida es tu arte.

Tu vida es el sueño de tu corazón hecho realidad.

Eres tu mayor sueño hecho realidad.

Tú eres el amor, querido de verdad.

Caminar

Caminar es un placer. Es una alegría. Es una delicia. Te saca de casa. Te pone alerta. Te mete en tu cuerpo. Te sumerge en la naturaleza, el sol y la suave brisa.

La meditación caminando ha sido popular en numerosas culturas. Cuando nos centramos en el presente en todo lo que hacemos, como caminar por la naturaleza o cualquier otra cosa, cada paso es un paso que te lleva a casa, al ahora, a tu corazón, al amor.

Eso significa que el mero acto de caminar puede ser una herramienta poderosa, pues también aquieta la mente si estás únicamente presente.

A menudo, estamos en piloto automático, y algo tan sencillo como caminar es simplemente un medio para ir del punto A al punto B, del trabajo a casa, del colegio al parque, de la playa a la ducha. Se trata de la meta y no del camino.Se trata de la meta y no del camino.

La meditación caminando, o estar presente, ayuda a sintonizar con los sentidos, el cuerpo, el corazón, los pulmones, las emociones, el entorno, los olores, las sensaciones físicas, el movimiento y el ritmo. Simplemente la profundidad de todo lo que yace siempre presente, esperando, permaneciendo, tanto dentro como fuera. Abre el corazón y trae más atención a tu ser. Que luego, con el tiempo, se convierte en una práctica, una forma de vida, y luego se convierte en tu forma de vida y se integra en tu enfoque de la vida.

A través de la práctica continuada, conectas, creas y cultivas una conciencia interior más profunda, una dimensión interior, una amplitud interior que vive y respira como tú. Eres tú. Tú eres la paz, la bondad y todo lo tangible e intangible de este mundo. Sí, lo eres.

Cuando honramos y disfrutamos de esta quietud, la forma en que hacemos una cosa es la forma en que hacemos todo. Así, se convierte en una habilidad, una conciencia, una forma de ser que llevas contigo allá donde vayas.

Trabajo, amigos, familia, cualquier cosa y todo. Con una mayor presencia consciente, puedes detener más rápido los contratiempos mentales y emocionales, ganar terreno interno más rápido y ser menos reactivo y tomar más iniciativas para conocer el meollo de la cuestión en lugar de lo que parece ser. Así es como nacen los grandes líderes, las grandes almas, renace la humanidad, y tú diste a luz a una nueva divinidad. Para ti, honra tu luz.

Incluso si caminas no para meditar o incluso no tienes esto en mente sino simplemente para hacer un buen ejercicio para estar contigo mismo o porque te sientes bien. Estar con uno mismo y dedicarse tiempo a uno mismo, a cuidarse y a disfrutar de uno mismo es algo muy poderoso, incluso si se trata de un simple paseo por la naturaleza.

A través del puro disfrute, la quietud, o todo lo anterior, el ser interior de uno, no importa la razón por la que empezamos, naturalmente va allí y se despliega y deja que la historia sea contada.

¿Qué historia pregunta?

La historia de tu cuerpo, mente, corazón y alma. La historia de tu trabajo, escuela, familia y futuro. La historia de la humanidad y Dios. La historia de todo lo que es y del amor mismo. Todo llega. Todo va. Es el flujo eterno.

El flujo eterno que te llega cuando te sientas con lo que es o estás con lo que es. La verdadera pregunta es: ¿quién se dará ese tiempo? Sin embargo, independientemente del tiempo, antes, durante, después y en medio, incluso todas las historias se callan suavemente hasta convertirse en un susurro. Se funde y se mezcla con el más allá hasta que sólo hay silencio. Has llegado a la quietud. Todo el mundo habla de esto, y tú te llevaste allí, sin querer o no. Las aguas aquí son frescas. Sólo un sorbo, un toque y a nadar, y ya estás enganchado de por vida, y ahora tus ojos brillan con el sol, porque este sol vive en ti. Quedas marcado para siempre con un olor. El aroma de tu alma. El aroma del conjunto. El aroma del amor es eterno.

La maravillosa experiencia de esta vida es la maravillosa experiencia de ti. Toda nuestra vida es para esto y sólo para esto. La inmensa alegría de nuestro amor. El gran abrazo de nuestro amor. La gran liberación de nuestro amor. Hay muchas formas de hundirse en el amor, de hundirse en ti.

Solía caminar mucho. Todavía lo hago. Este era uno de mis principales métodos para conectar, dejarme llevar y fluir. No me di cuenta de que eso era lo que estaba haciendo. Sólo sabía que me sentía mejor con el tiempo. Caminé durante horas con regularidad durante muchos años, sobre todo al principio. Tuvo tal efecto enraizador que querías hacerlo. Era como una versión más ligera de ir al cine. Fue relajante, vivificante y profundo, y al final salí renovada y conectada con el corazón abierto y sintiéndome más ligera que nunca, como si hubiera bajado de la Nube 9, si no de la Nube 2009.

Sí. Algunos días, era realmente así de bueno. Así que salga a la naturaleza, piérdase en el bosque, saque a pasear a su perro o gato, vaya al zoo y disfrute de la calidad de su tiempo.

Música y arte

Dicen que la música es el lenguaje del alma y qué cierto es. ¿Por qué nos gusta tanto? Capta la emoción humana; capta todos nuestros sentimientos y la profundidad de nuestros sentimientos que va más allá de las palabras, de nuestra mente, de cualquier cosa tangible en y de este mundo, sino al mundo interior, a nuestro propio ser.

Las emociones nos llevan de vuelta al corazón, y el corazón nos lleva de vuelta a casa, a nosotros mismos, a los demás y a todo lo que es. Ese es el poder curativo de la música. Tiene una forma de reconectarte y llevarte a lugares a los que no habrías podido llegar de otra forma. La música aligera, levanta el ánimo y puede cambiar el humor y el tono, por dentro y por fuera.

La música y todas las grandes artes pueden ampliar nuestro tono y capacidad emocionales. Cuanto más alto y profundo lleguemos a nuestro interior, más podremos contener, explorar y apreciar. Cuanto más podamos procesar completamente y limpiar. Cuanto más seamos capaces de observar y diferenciar los sutiles matices de todos los tonos emocionales e indicios que puedan parecer insignificantes. Aun así, en realidad, todo tiene cabida y desempeña un papel y nos muestra una parte y una imagen mayor de quiénes somos y dónde estamos en este momento. Eso nos da claridad. Con claridad, mayor libertad y poder para elegir por nosotros mismos lo que queramos.

A veces, cuando pasamos por los momentos más duros o mejores de nuestra vida y todo lo que hay entre medias, recordamos la música y el arte asociados a esa época. Como esa canción de ruptura de tu primer desamor, esa película con la que lloraste durante uno de los peores momentos de tu vida, o ese libro o programa de televisión que te ayudó a aliviar, insensibilizar o suavizar y liberar el dolor. La música o cualquier forma de arte tiene un profundo efecto curativo.

Supongamos que el arte, las palabras o cualquier creación se plasman con el tono emocional, el estado de ánimo o las palabras adecuadas, en el medio que sea. En ese caso, puede evocar un espacio de sanación y abrir el corazón para que se libere un trabajo interior más profundo, como ver una película, un cuadro, un libro, una canción o simplemente llorar. El llanto, en el que dejas ir todo, todo aquello a lo que te aferrabas y que ni siquiera conocías.

Y en la experiencia de centrarse o liberarse a través del arte de cualquier forma, casi llegamos a la tierra bajo la tierra, la quietud que está alrededor, porque después de cualquier liberación o apertura, sólo hay presencia. Una presencia real como ésa es siempre el principio de todo para el artista y el espectador.

Es parecido a escuchar la emblemática canción de Whitney Houston, I will love you forever. Si la escuchas en YouTube, cuando llega a la nota alta por la que es conocida, el público se queda en silencio sepulcral, porque en ese momento, cuando llega a esa nota alta, que la mayoría de la gente no puede alcanzar, y mucho menos con tanta intensidad y pura potencia y pasión, ya sea vocalmente, emocionalmente o de cualquier otra forma, todo el público está experimentando y sintiendo emocional y vibracionalmente la experiencia y la esencia del amor con Whitney, tal y como ella lo siente y lo expresa con la plenitud y profundidad de su ser.

Nadie piensa ni analiza en exceso. Todo el mundo es puro sentir y ser. En ese simple momento hay una quietud interior y exterior pura, y es comprensible. ¿Quién querría perdérselo? Por eso vamos a conciertos. Para sentir. Sentir más alto, más profundo y más de lo que sentiríamos de otro modo en nuestra vida cotidiana. Luego, a medida que pasa el momento, vuelve el ligero zumbido del público.

Otro ejemplo es Hans Zimmer y su música. Es un compositor de bandas sonoras y productor musical alemán que ha ganado varios Oscar y Grammy. Sus partituras han aparecido en muchas películas conocidas, y con razón. Algunos incluso dicen que su música te lleva a un estado de flujo. Tiene el mismo efecto. Cualquier pieza que capte ese algo te arrulla a través de tus sentimientos, saltándose la mente para procesar la profundidad de una emoción que ni siquiera sabías que tenías o que nunca antes habías podido tocar.

Por último, cualquier música u obra de arte que encontremos relajante, estimulante o divertida conmueve nuestro ser y tranquiliza suavemente nuestra mente. No tiene por qué ser una gran obra maestra. Aun así, ciertamente sentimos que lo es, sobre todo si captó las palabras y las emociones internas que nosotros mismos podíamos o no transmitir.

El poder de cualquier gran arte siempre te lleva de vuelta al corazón. En tu corazón, hay una tierna quietud y entrega, una presencia si se quiere. Al igual que la meditación, si experimentamos momentos de silencio o quietud periódicamente de cualquier manera, se crea la apertura para ir más profundo, cuya profundidad es un viaje para siempre y una alegría para siempre.

Así que disfruta o crea grandes obras de arte que muevan tu alma.

Amigos de confianza

> *"Agradezcamos a las personas que nos hacen felices; son los encantadores jardineros que hacen florecer nuestras almas". - Marcel Proust*

¿No es verdad? ¿Quién puede estar presente? En el viaje de nuestro ser o simplemente en general, ¿cuándo te encuentras con un amigo que no te juzgue y que pueda estar presente para escuchar sin culpar ni jugar? Simplemente un lugar para soportar todos tus problemas, penas y miedos, por no hablar de todas las alegrías. Es un regalo precioso que nos hacemos los que lo hacemos.

Sin embargo, primero requiere presencia, la capacidad de estar con nosotros mismos, para dársela a otro. No podemos dar lo que no tenemos. Al igual que el amor, no podemos dar amor si no lo hemos cultivado y alimentado en nuestro interior. Fíjate que no he dicho si hemos encontrado el amor. No se trata de encontrar el amor; tú eres amor, y la vida es un reflejo de tu alineación con este amor, de lo que realmente eres en tu esencia.

Hablar con amigos de confianza es una amabilidad y una liberación. Crean ese espacio en el que puedes ser total e incondicionalmente tú. Eso es un amigo leal. Esa es la verdadera curación. Es una verdadera bendición.

A veces o a menudo en el viaje, cuando uno está despertando, o el deseo de más ha nacido dentro, de alegría o de dolor, por lo general, nadie en nuestro entorno inmediato puede igualar eso o incluso satisfacerlo. A veces, incluso puedes darte cuenta de los patrones disfuncionales descarnados de los que te rodean, pero lo que es más importante, de nuestro papel a la hora de satisfacer esos patrones y satisfacer una necesidad inconsciente tanto en uno mismo como en los demás. Si notas esto, es la bendición más verdadera a pesar del dolor. Así comienza una mayor vocación, un mayor deseo, un mayor anhelo de lo más en todo lo que significa.

Lo que he notado, sin embargo, es que incluso si dos personas no pueden encontrar las respuestas, si una está total y completamente presente para la otra, se produce una liberación natural, una curación y una apertura, un alivio en el que uno simplemente puede respirar mejor y la sensación de tensión se afloja y se abre en nuestro ser.

Ése es siempre el principio de la información, la perspicacia y las ideas más elevadas, junto con la paz, la calma y las respuestas que llegan de muchas formas y maneras sorprendentes, pues invitaste a la ligereza de tu alma. Eso es lo que hace y es la presencia. Se abre y se libera, y naturalmente, lo semejante debe atraer a lo semejante, y comienza el viaje de curación.

De un simple acto de bondad, de un simple acto de presencia incondicional, de un corazón amoroso y abierto, ya sea de un desconocido, de un amigo o de ti mismo, ¡nada menos!

Si tienes amigos en los que puedes confiar de esta manera, considérate bendecido. Si no es así, no pasa nada; sigue considerándote bendecido. Dondequiera que nos encontremos en la vida, todos somos bendecidos más allá de nuestro conocimiento y comprensión.

Dios bendiga a los ángeles en nuestras vidas.

Mentores y profesionales

Hay mentores y mentores. No todos los mentores están hechos iguales, igual que las amistades. Cada persona es única, con diferentes experiencias vitales, percepciones y capacidades. Luego, además, cada cual tiene diferentes inclinaciones y proclividades en la dirección de su profesión o de otro tipo.

Hay muchos coaches de vida, de desarrollo personal, de rendimiento máximo, orientadores, terapeutas y sanadores diversos en torno a muchas modalidades diferentes, desde la científica hasta la espiritual. Todos hemos conocido a unos cuantos, y seguro que también tenemos algunas historias.

Sin embargo, supongamos que uno se toma en serio lo de encontrar la paz y ahondar en su interior o simplemente intentar comprenderse a sí mismo. En ese caso, al final te sumerges en todo. Te sumerges en todos los aspectos y modalidades de curación y te aprovechas de todo. Ves lo que la gente tiene que decir y escuchas con el corazón abierto, ves lo que resuena y dejas el resto.

Nunca se sabe cuándo algo va a hacer clic, pero cuando lo hace, seguro que lo hace. A todos nos dan diferentes cartas en la vida, y no hay mejor o peor simplemente porque nuestra mente es nuestra mente, y todos debemos enfrentarnos por aquellos que eligen hacerlo.

Más aún, se trata de cómo usamos esas cartas. Para cada conjunto aleatorio o no tan aleatorio, sea cual sea el conjunto que se nos haya dado en la vida, contiene las claves específicas para nuestro mayor despliegue, la capacidad de liberar todo lo que hay que liberar y llegar a nuestro mayor destino. Ser.

Después de aquel acontecimiento, se apoderó de mí el deseo y la sed insaciable de saber. Ya que no tenía a nadie con quien hablar, nadie en quien apoyarme, o incluso pedir apoyo con respecto a esto, simplemente porque cosas como esta no ocurren a diario, si es que ocurren alguna vez. El acontecimiento es monumental, por la profunda experiencia y la nueva realidad de amor en que ahora te deja. En todos los textos, este tipo de sucesos son uno entre un millón, si no uno entre mil millones, y son raros, o lo leeríamos más a menudo. Eso y lo raro que es conocer a quienes disfrutan de verdad ahondando en las profundidades del sentido de la vida y del amor, en la verdadera naturaleza de la realidad y en las cumbres del éxtasis a los veintipocos años, si es que se llega a esa edad. Eso y lo raro que es conocer a quienes disfrutan de verdad ahondando en las profundidades del sentido de la vida y del amor, en la verdadera naturaleza de la realidad y en las cumbres del éxtasis a los veintipocos años, si es que se llega a esa edad.

Así que sólo me tenía a mí. Yo con todas mis esperanzas y sueños, mil emociones y una rodando como olas palpitantes en las orillas de mi corazón y de mi alma que ya no podía ignorar. Renuncié a todo lo que sabía y perseguí esto y sólo esto.Renuncié a todo lo que sabía y perseguí esto y sólo esto. Una vez que experimentas algo así, te cambia, de modo que, en última instancia, nunca puedes volver atrás, porque has visto la belleza de toda la vida, el amor, el cielo mismo brillando a través de todas las cosas, incluso de ti mismo. Perder todo eso. No hay palabras para expresarlo. El dolor era insoportable, pero éste lo era aún más. Así que no podía ser de otra manera. Por supuesto, también hubo alegría.

En este tiempo, recé por mentores, mentores espirituales, mentores profesionales; no importaba, quienquiera que fuera tenía las respuestas que yo buscaba. Quiero decir, recé para que me guiaran. Recé pidiendo ayuda. Recé con todo mi corazón y mi alma con todo lo que tenía. Aparte de mis oraciones de niño durante mi misteriosa enfermedad, era la oración más sincera que rezaba y deseaba. No quería reinventar la rueda, sobre todo cuando la vida es corta y preciosa. Quería ganar tiempo y avanzar, aprender lo que tenía que aprender y luego darlo todo. Quería dar esta belleza al mundo, el tipo de belleza que nadie había visto antes, la belleza que sentía dentro de mi alma y que ahora bailaba ante mis ojos, los ojos de mi corazón y el corazón de mis ojos.

Esta oración fue atendida años más tarde. Aún recuerdo el día en que nos conocimos y la divertida circunstancia en que se produjo todo, que es una anécdota graciosa. Había conocido y conocería a más profesionales con distintas competencias, modalidades, enfoques y doctorados en sus campos de estudio particulares. Aun así, ninguno se acercó a la persona que cambió mi vida para siempre.

Durante nuestra primera conversación, se me cayó la mandíbula y pensé: ¡*WOW*! Esta persona hablaba con, y desde el nivel de profundidad que yo había experimentado y estaba buscando. Había presencia, sabiduría, comprensión, cuidado, amor y calidez. La experiencia de esta única conversación supuso un contraste dramático y marcado con cualquier otra persona de mi vida, entonces e incluso ahora. Francamente, estaba demasiado estupefacta para pensar. Lo único que sabía era que, por fin, había alguien, al menos una persona en este mundo que lo entendía y alguien que podía hablar de la profundidad de lo que fuera esto, y desde ese momento, me apunté a todo. Por primera vez en mucho tiempo, no estaba sola.

Esta persona tuvo un profundo impacto en mi vida que no puedo expresar. Y no digamos ya el simple hecho de poder hablar con alguien de asuntos de tanta profundidad y altura de significado, pero más aún de una alegría tan tremenda y absoluta, el corazón mismo de la vida, eso solo era el regalo. Compartir el corazón. Ese fue el regalo.

Todos atraemos nuestros deseos más puros a nuestras vidas; mantener esa energía sin apego es simplemente una cuestión de tiempo.

Todo lo que nace de la mente se queda en la mente. Todo lo que nace del corazón es ilimitado, infinito, y te lleva directamente a casa, al amor mismo. La realidad es que el amor es todo lo que hay. Cuando mantenemos el amor en nuestros corazones con sinceridad, todo se desarrolla para nuestro mayor y más elevado bien.

No tienes que hacer nada; ya está hecho por ti. Por el mero hecho de vivir. Esa es la gracia de lo que es. La gracia elegante, majestuosa, magnífica de lo que verdaderamente es y de lo guiada que está la humanidad.

Oh, la belleza de todo lo que es. Simplemente no hay palabras para esto.

Pero sí, volvamos a los mentores. Recé para que todos los actores principales, amigos y mentores de todo tipo entraran en mi vida para poder resolver esto y darlo todo. Si tú también deseas que te guíen en este sentido o en cualquier otro, abre tu corazón y reza o pide un deseo a una estrella de todo corazón. Abre tu corazón y pregunta, y verás lo que surge. Si es una petición sincera, será una oración continua, porque será un anhelo continuo. El universo es como es; nunca se sabe lo que cantará el universo y toda la magia que traerá.

Lo divino actúa de forma misteriosa. Puede que nos sintamos inspirados para actuar y vayamos aquí o allá; puede que alguien te dé una tarjeta, o que un folleto pase de alguna manera por tu mesa. Sea lo que sea, no necesitamos preocuparnos ni ocuparnos de saber cómo, qué o mucho de nada. Sólo tenemos que pedir y luego mantener nuestro deseo amorosamente en nuestro ser y liberar. Entonces, está hecho y se desplegará en nuestras vidas de una forma u otra mientras permanezcamos abiertos.

Todo está bien, todo está hecho y todo es como debe ser.

Porque ya lo es.

Amén.

Escribir

El acto de escribir es poderoso. Llevar un diario. Llevar un diario o simplemente sacar todos tus pensamientos. Llámalo como quieras. Es lo que es: ¡escribir los huesos de tu ser! A veces, la gente se queda atrapada en la etiqueta de oh, vamos a escribir un diario de esta manera hoy o oh, vamos a hacerlo de esa manera en ese estilo en esa forma. Aunque no hay nada malo en ello, y hay valor en cualquier forma, cualquier etiqueta puede a veces atascarte en tu mente. No. Escribamos los huesos, hasta la última gota.

Cuando tuve ese momento que cambió mi vida para siempre, los días y años siguientes fueron, a veces, más que difíciles. Vivir la experiencia más mágica de tu vida que tocó la naturaleza de la profundidad de lo que somos y más y luego nadie con quien discutirlo.

Es como ir a una fiesta de la Superbowl y que no haya nadie. Es como ir a las Olimpiadas y que no se presente nadie. Es como ir a tu concierto favorito y que no venga nadie. Es algo surrealista. Por no hablar del hecho de que no existe un lenguaje tangible fácilmente disponible y accesible para describir y explicar esta experiencia, lo que aísla aún más.

En realidad, incluso con o sin esa experiencia, momentos como éste son los que todos experimentamos universalmente, pues quién no tiene momentos en los que nuestro corazón nos habla y se nos da la oportunidad de elegir. El corazón siente punzadas y tirones cuando sabemos que hay algo más profundo y algo verdadero, algo tangible que debemos escuchar. Ya sabes, como la llamada de tu corazón y de tu alma y más que te llega como susurros desde la quietud del propio ser.

Así que empecé a escribir. Escribí todas mis emociones, cada sentimiento que tuve. Lo bueno, lo malo, cada pensamiento emoción sentimiento hasta los micro pensamientos, emociones y sentimientos, y luego el espacio entre los sentimientos. Lo escribí todo.

Escribir te ayuda a despejar la mente, a organizarla y a ser más capaz de comprenderla y navegar por ella. Te muestra dónde estás y cómo afrontas las cosas. Te ayuda a ver las cosas bajo una nueva luz y a procesarlas y liberarlas mejor. Entonces, a menudo aprenderías cosas nuevas, verías patrones y asociaciones, o incluso crecerías en el viaje de tu ser que antes ni siquiera veías hasta que simplemente salía a la luz. Nuestra conciencia y nuestra inconsciencia están más allá de lo asombroso. Aquí es donde sale todo. Por supuesto, yo no sabía nada de eso en ese momento.

Para mí fue un alivio. El alivio se mezcla a veces con la alegría o la tristeza y con cualquier otra emoción. Por supuesto, el mero acto de expresión y creación también fue divertido. Me encanta el arte de las cosas. Se trataba de sacarlo de mí; una vez que lo expresas, puedes seguir adelante. También era la única forma de seguir adelante.

El mero hecho de escribir todos tus pensamientos y sentimientos sin juzgarlos es una forma de liberación.

Vas a terapia para liberarte y comprender. Acudes a consejeros o amigos de confianza para que te comprendan y te liberen. Escuchas música, ves una película o lees un buen libro para desconectar a veces y encontrar una liberación. Meditas por los beneficios, pero también es una liberación. Del mismo modo, escribir es una liberación.

Así que, si alguna vez te quedas atascado, empieza a escribir. No importa lo que sea o lo que digas; empieza. Con el tiempo, verá lo que hay que ver, conectará los puntos y sonreirá de alegría. Así son las cosas. Escribir es una forma de conectarse y liberarse.

Y a lo largo de los años de escritura, de alguna manera se ha transformado y ha tomado forma; ahora es lo que es. Escribir se convirtió en una alegría, un amor y una pasión aún más profundos. Es una verdadera curación a muchos niveles. Supongamos que nos mantenemos fieles a cualquier camino que te llame. Eso es todo lo que tienes que hacer. Escribir fue mi camino.

El desarrollo personal no fue suficiente. La ciencia no sirvió. Ni siquiera partes de la espiritualidad servían porque todos la enfocaban desde la mente. Aunque sigue siendo fascinante, me encantó aprender cada minuto y sigo disfrutando de vez en cuando. Lo que buscaba iba más allá de la mente. Encontrar eso era extremadamente raro. Aquello que hablaba de lo intangible de un modo real y probado. Eso es lo que quería. Con la escritura, siempre estás ahí. Cuando escribes desde los huesos, es tu corazón el que habla.

Cuando dejas que tu corazón hable como sea, siempre es algo bueno, porque es el principio del fin, y como siempre, cuando una puerta se cierra, una nueva se abre. Por lo tanto, es el comienzo más verdadero del "felices para siempre" y de que todos tus sueños se hagan realidad. Amén.

Clave

Liberación es paz.

Queremos explorar formas de encontrar una salida positiva y saludable. Cada vez que sueltas, hay más paz. Limpias la pizarra, lo que crea una apertura para lo más, para la conciencia, para el amor, para ti. Despejas la pizarra para que surjas y despiertes dentro de ti, dándote espacio para respirar y crecer, danzar, florecer y mostrar el ser divino que eres. Te permites adentrarte en la verdad de quién eres en esencia.

Porque una vez que lo has soltado todo y sigues haciendo tu trabajo interior y soltando de nuevo, ¿qué le queda a nadie? Nada. Sólo queda todo. Todo lo que realmente eres. Eso es mucho. Es el viaje de tu vida. El viaje de las estrellas. El viaje del amor mismo.

Namasté.

Honro tu viaje.

A mi manera

Estaba aferrada al amor.

Rezando siempre que podía.

La música.

Caminar.

Escribir.

Y más tarde en la vida.

Mentora.

Y mucho más tarde en la vida.

Por último, también la meditación.

Y el universo también tiene su parte.

En todas nuestras vidas, es cierto.

Paciencia y confianza.

Es como polvo de ángel.

Y todo será como debe ser.

Porque ya lo es.

Sé que esto es cierto.

Amén y Namasté.

CAPITULO SEIS

Tres verdades inmutables

"Respiré hondo y escuché el viejo alarde de mi corazón. Soy, soy, soy". — Sylvia Plath

No todo el aprendizaje es igual. En nuestras vidas, mientras hacemos todo lo posible por vivir según lo que debemos, algunos aprendizajes que adquirimos son bastante pequeños, pero marcan un mundo de diferencia. Son pequeños recordatorios a lo largo de nuestro camino que se suman para mejorar la calidad general de nuestras vidas.

Sin embargo, cada aprendizaje que aprendemos porque lo estamos tratando en el nivel del ser o del sentir, no importa cuán grande o pequeño sea, cualquier cambio de energía es un tremendo cambio de energía. Suele ser bastante impactante porque es una nueva percepción y una nueva forma de ser que acaba de abrirse dentro de ti.

Algunos aprendizajes son tan profundos que despiertan una conciencia y un conocimiento más profundos en nuestro interior. Hay cosas que no puedes explicar, describir o tocar, pero cada parte de tu ser sabe que es verdad hasta el punto de despertar tu profundidad. La mayor conciencia en todo lo que haces. Sea cual sea el nombre que le demos, existe un ser y una fuerza mayores con y para toda la humanidad.

Entre todo ello, hay lecciones y verdades específicas a las que siempre parecemos volver. Aquellos que fundamentalmente cambian o cambian el curso o la naturaleza de todo nuestro ser y la forma en que respiramos en nuestro ser, porque se trata de una realineación completa y un cambio energético para estar aquí ahora.

Toda gran verdad siempre te lleva de vuelta a casa.

De vuelta a casa a tu corazón, de vuelta a casa a ahora, de vuelta a casa a ti.

Medita o contempla estas tres cosas; no importa lo que ocurra en tu vida, siempre encontrarás el camino de vuelta a la paz y a la tierra interior. Si no, profundiza un poco más. Suele ser así.

1- Todo sirve

2- Todo está en el tiempo divino

3- Todo está en Orden Divino

Todo sirve

Siempre hay un servicio superior, un propósito y una llamada para todo. Un conocimiento superior, por así decirlo. Una vez que nos fijamos en eso, todos nuestros problemas y preocupaciones desaparecen. Se disuelven. Porque ya no importa. Nada de eso.

No porque no fuera doloroso, sino porque realmente empiezas a ver cómo te sirvió y las riquezas de espíritu, alma y fuego que ganaste. Mientras el resto del mundo busca ese algo, tú has empezado a desenterrar aún más con una profundidad y una claridad agudas y distintas. Lo cual siempre te lleva de vuelta a casa, a ti mismo, a tu corazón y a tu propósito más elevado. La alegría de tu vida.

Ese es el poder de la perspectiva.

La perspectiva cambia la situación. Una perspectiva más elevada libera la situación.

No importa lo que sea; sirve para cada acontecimiento, reto y contratiempo. Todos los altos, todos los bajos, todas las alegrías y todas las penas. Cuando puedes integrar eso en tu ser, las cosas cambian, dándote la fuerza para hacer lo que hay que hacer. Te da la ligereza necesaria para sentir la libertad y la diversión. Te permite comprender cómo cada momento conduce al siguiente, simplemente como peldaños hacia una mayor plenitud y alegría.

Incluso si uno no puede ver, sentir y percibir la profundidad de esto de inmediato, el simple hecho de ser consciente durante los momentos en que más lo necesitamos, si podemos recordarlo, nos ayuda a mantenernos firmes, a mantener la fe y a mantener la luz, que también es una fuerza en sí misma.

En realidad, algo tan profundo como esto no puede comprenderse inmediatamente. Lo hacemos al punto, grado y profundidad con cada evento al que se aplica. A medida que vivimos nuestras vidas, todos estos puntos de datos de la verdad de esto parecen fusionarse y unirse hasta que comienza a tomar forma y tomar forma dentro de su ser y la conciencia. Las pruebas empezarán a respaldarlo y a demostrarlo.

En cualquier caso, uno tiene que estar abierto, y el resto siempre se cuida solo.

Incluso los acontecimientos más angustiosos, una vez procesados en su totalidad, pueden ser lo que te impulse hacia ti. Porque puede que no haya habido ninguna fuerza lo bastante grande como para sacudir tu mundo lo suficiente como para cambiar el camino que estabas siguiendo.

A menudo, se oye decir a los supervivientes de cáncer o de una enfermedad, accidente o reto tremendo que fue lo que cambió toda su vida e incluso lo califican de bendición. En primer lugar, me costó mucho trabajo interior y sanación hablar así, decir así y vivir así. Hay que ser muy humano para enfrentarse a los mayores retos de la vida.

A veces, pasan cosas. A veces, las cosas suceden sin que te des cuenta. ¿Quién no ha pasado por eso antes? Creo que muchos de nosotros lo hemos hecho. Sin embargo, para superar y soportar y aguantar lo que tienes, y aún así salir del otro lado, o incluso hacer todo lo posible para trabajar a través de él, incluso ahora. Sólo los fuertes de entre los fuertes pueden hacerlo: sólo los fuertes se aferran a su luz.

A través de todo ello, nacen la fuerza del alma, el fuego y la fortaleza. Atravesar el fuego de tu alma, los demonios de tu alma, y los propios desafíos de tu alma crea un cambio cataclísmico significativo dentro y fuera, y naturalmente, un nuevo tú nace y renace a la verdad de quién eres mientras la reclamas y la renuevas y entras en ella, día a día, momento a momento, respiración a hermosa, amorosa respiración.

Esto es lo que eres.

Y así de poderoso eres.

En cualquier momento, puedes recordar quién eres realmente.

Todos los momentos sirven, no importa lo que sea, lo que pueda ser, o lo doloroso que sea, porque hay guía divina y gracia en todas las cosas.

Que este conocimiento traiga la paz.

Todo está en el tiempo divino

Todas tus esperanzas y sueños, quién eres, están aquí para ti. Cuando inspiras eso, ya no te sacas de ti mismo. Date la oportunidad de estar aquí ahora. Donde recae su poder más significativo. A partir de aquí, todo es inevitable.

Cuando abrimos de verdad nuestro corazón o hacemos todo lo humanamente posible, todo se desarrolla simplemente porque estamos abiertos a nuestros sentimientos emocionales. El nivel de profundidad y sensibilidad que se necesita para estar siquiera presente en nuestras emociones y sentimientos es algo. Procesarlos es otra cosa. Escuchar es la clave; siempre es el primer paso para todo. Porque, ¿quién puede estar presente ante sí mismo?

¿Qué es la presencia? ¿Viene a través de la meditación? Sí, puede y sin duda ayuda, y ese es un camino. Con el corazón, nada más que el corazón sincero y estar presente al propio corazón, permitiendo los sentimientos naturales que surgen y alimentando el bien que habla en nuestro interior nos guía naturalmente de una manera u otra. ¿Quién escucha a su corazón a ese nivel y grado?

Hay diferentes capacidades de escucha para los que escuchan. No se trata tanto de la acción que emprendemos en sí, sino más bien de llevar más allá una mayor responsabilidad o sensibilidad o esa capacidad de escucha y mantenerla en el nivel del corazón, del ser, del sentir. Más profundo que las acciones y los pensamientos, sino a los sentimientos, y más profundo que los sentimientos, los micro sentimientos que surgen que son tan sutiles pero están ahí.

Eso es trabajo interior. Sentir y soltar. Despedazándolo todo y soltándolo todo hasta que no te quede nada, excepto tú. Es un viaje para todos nosotros.

Si escuchamos la llamada interior, siempre se produce una liberación natural, facilidad y fluidez. Nos dirigimos hacia donde queremos ir, o el camino se muestra ante nosotros. En cualquier caso, las cosas aparecen dentro o fuera. Será así de divertido e irresistible no seguirlo. La apertura presentada será tan obvia como Dorothy descubriendo el mágico camino de baldosas amarillas, o el tirón será demasiado curioso o delicioso o simplemente bueno a la antigua como para negarlo.

Como esa clase de pintura o cerámica que llevas años posponiendo, diciéndote a ti mismo que no tienes tiempo. O matricularse en clases nocturnas para obtener un título en moda o diseño. Sea lo que sea, todos tenemos el presentimiento, la llamada, esa voz que nos empuja hacia nuestros deseos. Cuando escuchamos esa llamada más profunda, esa es la profundidad y lo más de ti que habla.

Un deseo no tiene por qué ser el propósito de tu vida per se, o no tiene por qué llevar ninguna gran etiqueta. Incluso con los deseos, son los deseos de quien eres ahora con tu estado actual de ser y conciencia. A medida que aprendemos a seguir a nuestro corazón, nuestro corazón se expande naturalmente en conciencia, amor y conocimiento superior por el simple hecho de que honraste a tu corazón; naturalmente, tus deseos cambiarán para realinearse con la persona en la que creces. En constante evolución, siempre creciendo, siempre convirtiéndonos. Cómo no se acaba nunca la alegría.

No podemos convertirnos si no escuchamos a nuestro corazón. El corazón siempre está ahí, así que quizá siempre esté ocurriendo. Es cuestión de tiempo, tiempo divino para todas las cosas.

A veces, dices que escuchas a tu corazón pero no puedes seguirlo. Bien. Eso también está bien, cómo sirve cada momento de nuestras vidas. No importa lo que sea. No pasa nada porque ahora no estés preparado. No pasa nada porque no pase nada todavía.

Más allá de todas estas preguntas, ¿está tu corazón abierto? Porque si es así, puedes estar presente en lo que es. En la quietud y el silencio de tu ser, así es como creamos fundamentalmente, en nuestro cuerpo sintiente. Todo es vibracional antes de manifestarse. Así, sentarse con el corazón es el acto mismo de la creación. Así, sentarse con el corazón es el acto mismo de la creación.

Exteriormente, parece que no estás haciendo nada, pero interiormente, estás creando y trabajando con la gran energía universal que crea naciones, porque eso es lo que realmente eres. A través de la experiencia de uno mismo se descubre precisamente eso.

Sí. A través de la quietud de tu alma, descubres la totalidad de todo lo que es y la totalidad que eres, que sólo continúa expandiéndose deliciosamente con el paso del precioso tiempo.

Nadie se lo plantea así, pero es así. Sentarse en el corazón es la respuesta a muchas preguntas, si no a todas, no sólo a la visualización de la ley de la atracción para la manifestación, que es por lo que se conoce principalmente a la comunidad espiritual. Es mucho más profundo que todo eso. Porque el amor es amor. Se resuelven y abordan muchos problemas simplemente sentándose en el corazón. Esa es la puerta de entrada a todo: todo lo que puedas desear, soñar y más.

Y, por último.

Todo el mundo tiene corazón, ¿y quién no siente?

A todos nos pasa. Todos tenemos nuestro propio tiempo para las cosas.

Pero al final, todos sucumbimos al amor.

De una forma u otra.

Porque ¿quién en este mundo no quiere superarse?

¿Quién en este mundo no quiere sentirse bien?

¿Quién en este mundo no quiere ser feliz?

A todos nos pasa.

Este es un viaje en el que todos nos embarcamos.

Por eso todo es inevitable.

Porque todos tenemos corazón.

Es simplemente una cuestión de tiempo.

Un tiempo divino.

Y sí, hay un tiempo divino para todas las cosas bajo el sol.

Que este conocimiento traiga la paz.

Todo está en orden divino

Cada cosa tiene su momento y su lugar. Ni siquiera tiene gracia. De verdad. Cuando puedes apoyarte en ese conocimiento, las cosas cambian, porque permites que la gracia entre y haga lo que mejor sabe hacer. Sacude las cosas. Sopla el aliento de la paz en tu corazón y en tu alma.

Las cosas fluyen. Un flujo hacia el más allá, el universo, todo lo que es. Llámalo como quieras. Toda la vida fluye. El gran círculo de la vida, el círculo del que todo viene y va, y sí, que todo fluye y atraviesa y de donde fluye. Nosotros también formamos parte de este gran flujo. Porque nosotros también tenemos un flujo propio. Ritmo y ciclos en nuestra vida a medida que crecemos y evolucionamos como personas en nuestro tiempo aquí en la Tierra.

Mmm.

Entonces, ¿cómo se puede decir que hay un orden divino cuando hay tanto dolor, angustia y devastación masiva hoy en día? Sí. Es cierto. A todos nos rompe el corazón soportar o presenciar semejante parodia y, sin embargo, analicemos de verdad cualquiera de estos sucesos. ¿Qué aportaba cualquier dificultad verdadera, ya fuera a pequeña escala o a escala mundial?

Trajo la comunión. Devolvió la comunidad. Devolvió la camaradería. Trajo de vuelta el corazón a una escala y con una fuerza mayores que nunca, cuya gravedad e impacto sólo pueden ser experimentados y conocidos por cada corazón a medida que el fuego del amor es reconocido, reclamado y renacido en su interior. Reavivó y reforzó lo que es importante. Ese es el regalo de cualquier crisis. Es una renovación completa y total del espíritu. Es el recuerdo del amor. Comprender a un nivel más profundo el verdadero valor y la importancia de vivir según el corazón y lo que uno es de verdad. Por eso.

Nos abrió el corazón y nos unió. En primer lugar, nos unió a nosotros mismos. Un corazón abierto significa que somos sensibles a lo que es, sensibles a nuestros sentimientos y sensibles a ser. ¿Ser con qué? Con lo que sea. Eso es. Eso es vivir en el corazón. Un abrazo completo a lo que es y a todo lo que es.

Cuántas veces estamos en piloto automático con el día a día y ni siquiera nos damos cuenta de que lo estamos, o se convierte en algo tan natural que ni siquiera nos damos cuenta de que falta algo. ¿Qué falta? Estar presente. Presencia y corazón son sinónimos. Siempre que estamos realmente presentes o en el corazón, podemos estar con lo que es, enfrentarnos a lo que es, trabajar a través de lo que es, liberar lo que es y, finalmente, abrazar lo que es.

A través de cualquier gran tragedia llegan los dones de la gracia que se revelan en la paz amorosa. Mantén la fe. Está ahí. Ya llegará. Lo verás porque siempre está ahí. Cuando puedes encerrar en él ese conocimiento o al menos mantenerlo en tu ser, te fortalece, te recuerda, te guía y te abre.

De acuerdo.

Entonces, ¿qué pasa con todos los acontecimientos de mi vida? Todos mis sueños y todos mis deseos de paz. Quiero ser feliz pero a veces lucho contra mi mente. Es difícil.

Sí, la verdad, ¿quién sinceramente no ha pasado por eso? Todos lo hemos hecho. Entonces, ¿cuál es la perspectiva superior al respecto? Hum.

Los sueños siembran el terreno para una nueva realidad. Claro que sí. Sin embargo, a veces nuestros sueños parecen tan lejanos y fuera de lo común, cuando no imposibles. Por no hablar de que tienes razón; luchar contra tu mente también es una hazaña hercúlea. A veces parece mucho pedir, ¿verdad? Entonces, si genuinamente deseas la paz dentro de tu corazón y tu alma, honesta y sinceramente, eso sólo aumenta tu deseo, tu anhelo y tu llamado interior. Del mismo modo, a veces se vería un poco más el marcado contraste de la propia realidad.

La verdadera belleza es que nuestro mayor momento de poder está siempre en el ahora, aquí y ahora, en el aquí y ahora. No necesitamos saber cómo surgirán las cosas, pero si te hace sentir bien, te inspira ridículamente o vigoriza tu ser, entonces debes saber que esto es bueno. Esa es la energía que moverá las cosas. Porque eso es puro deseo.

Permita este deseo. Esto es lo que muchos no hacen. En cuanto llega una idea grande o diferente, se mofan y resoplan de inmediato, desechándola con gran consternación de su alma.

Esa es también la belleza. Incluso si lo hiciéramos, vivir en ese contraste de negarse a uno mismo crea un deseo aún mayor, ya que la desconexión con uno mismo crecería y se agitaría hasta que finalmente se alcanzara algún umbral en el que uno se encontrara y estuviera preparado para más. Ya está listo para empezar.

Empezar a abrirse a las propias emociones y escuchar esos sentimientos, y luego, cuando se esté preparado, emprender acciones inspiradas frente a acciones forzadas precipitadas.

Así que, pase lo que pase, todo ocurre en el momento adecuado, el tiempo divino. No se puede acelerar el tiempo, el destino o el decreto divino. Algunas cosas simplemente están destinadas a ser. Si lo permitimos. Debe seguir el flujo natural de tu vida y el flujo mayor de todo lo que es.

Lo más importante es apreciar y disfrutar el presente. Ese es el mayor acto que puedes hacer para darte y ofrecerte a ti mismo, a los demás, a toda la humanidad y a toda la divinidad. Porque ese es un lugar vibracional puro desde el que respirar. Y mucho menos donde a menudo tiene lugar la inspiración divina, pues ya estás en el sentimiento puro. Cuando dejas fluir tus sentimientos, algo empieza a tomar forma y a afianzarse. Una liberación continua significa crear un espacio interior siempre abierto. Eso también es presencia.

Cómo todo es simplemente como debe ser. Todo va bien. Todo va bien.

Por último, cada día es mejor. Con cada respiración. Con todas las alegrías y bromas.

Todo está en orden divino.

Que este conocimiento traiga la paz.

Capitulo siete

Notas finales

"Vayas donde vayas, ve con todo tu corazón". — Confucius

Tú no eres diferente de cualquier persona a la que admires y tengas en alta estima y admiración. Tú no eres diferente. Porque tú eres lo que buscas. Sí.

Tú eres lo que buscas, y no hay nadie como tú.

Cuando conoces a alguien en la historia o en la vida que es capaz de mantener sus creencias y su forma de ser única y diferente, sea como sea, no puedes evitar admirar y respetar a una persona por ser quien es. Entonces, si tienen una pasión notable por seguir sus creencias hasta los confines de la tierra, sabes que no puede ser de otra manera, porque siguieron sus creencias hasta los confines de su alma.

¿Qué ocurre cuando se sigue algo hasta el final? Encuentras la olla de oro, un arco iris y un nuevo comienzo. Encuentras la misma puerta que has estado buscando, pero esa puerta, esa puerta escurridiza, esa puerta mágica, es ahora. Ya está aquí. Está en ti. Eres tú. Tú lo eres. Es tu amor. Sí. El amor.

Siempre que eliges el amor, es la puerta que creas y abres para ti. No subestimes el poder del amor de ninguna manera ni en ninguna capacidad, simplemente de todas formas.

Porque es el principio del fin y el principio de nuevo. Siempre.

Cada persona, conocida o desconocida, que haya logrado algo admirable a tus ojos, no importa lo que sea. Aun así, si lo admiras, esa persona es como tú. Tenían las mismas emociones, condiciones y apuros humanos. La única diferencia es cómo decidieron afrontar el dolor y las decisiones que tomaron a partir de él. Por supuesto, también cómo decidieron afrontar su amor y las decisiones que naturalmente surgieron a partir de entonces.

Así de sencillo. Ya está. Nada más, nada complicado, nada lujoso. ¿No se sentían ellos también? ¿No te dolían también?

¿No eran también humanos? Incluso derraman lágrimas, como nosotros.

A pesar de todo, acaban de decidirse.

Aprovecharon todo ese dolor, pero más aún, más grande, más profundo, aprovecharon todo su amor. Puede que incluso se hayan aferrado al amor mismo. Para ser sinceros, ¿quién no lo ha hecho? En los momentos en que no tienes nada ni a nadie. Es todo lo que un ser humano puede hacer para aguantar. A través de esto, aprendieron intuitivamente a liberar su dolor de una forma u otra.

Sí, estas personas eligieron el amor y el camino amoroso lo mejor que pudieron y lo utilizaron para liberarse de la manera que eligieron. Tú también puedes. No hay nada que no puedas liberar en los éteres. Todo dolor puede disolverse si mantenemos la fe y ponemos de nuestra parte para mantener el corazón abierto; la ayuda llega, y cuando buscamos ayuda, también. Todo está aquí, simplemente todo de muchas maneras y por varias vías.

A medida que dejamos fluir el amor, a medida que sus maravillosas y cálidas olas se agitan y bañan las costas de nuestra mente, nuestro cuerpo, nuestro corazón, nuestra alma, nuestra vida misma, hasta que sí, tú también comienzas a brillar, a resplandecer con todo el amor de tu alma, que es el amor de todo el cielo y la tierra magnetizado por y a través de tu corazón.

Tu corazón es la puerta a la vida eterna y más, mucho más. Se necesitarían vidas enteras para comprender, desenterrar y descubrir. Esa es la gran bendición, misterio y maravilla que se llama vida.

Para vivir por y a través de tu corazón, naturalmente te encuentras, naturalmente te descubres, y naturalmente vuelves a casa, al suelo de tu alma, que sólo se expande a medida que avanzas. Crees que has terminado, pero nunca terminas. Esa es la gracia, la dicha y la bendición llamada vida, y nuestra vida.

Ese es uno de los muchos milagros de esta vida. El amor es un milagro. Tú eres el milagro. La vida es un milagro. Cada vez que eliges el camino del amor, es un milagro. Cada vez que tienes un pensamiento amoroso, es un milagro. Cada vez que respiras, el amor es un milagro. Es todo gracia en acción, porque es realineación de vuelta a uno mismo y al alma, ¿y no es eso profundo? Siempre es profundo. El milagro más verdadero es cuando recuerdas quién eres.

Hay personas en todo el mundo que están despertando a la verdad de lo que son, igual que tú, que desean el núcleo de la raíz del corazón mismo de la vida. Los que ya están allí. Y por último, todos los demás, porque todos estamos en un viaje, el viaje sin fin del amor eterno.

Que sean conocidos o desconocidos es indiferente. Si la energía es pura, la ves y la sientes. Están ahí fuera, igual que tú, querido. Todos estamos simplemente en el camino de nuestra vida. El camino más distintivo y único, lleno de lecciones para que nuestra alma sane, crezca y supere todo lo que ya no sirve y la porquería con la que nacimos.

Estés donde estés en este momento, no pasa nada. No estás solo. Todo va a salir bien. Sí, es posible. Todo lo que deseas es posible. Todo está ahí para ti.

Entonces, si todo está ahí para ti, ¿qué pasa con los momentos en los que te olvidas?

Si llevas tiempo en esto o si también ha sido tu gran fascinación, es posible que con el tiempo te surjan preguntas como ésta.

¿Qué más puedo hacer o qué puedo hacer para experimentar la unidad?

He aprendido todo lo que puedo aprender: la mecánica de la metafísica, la ley de la atracción y la meditación. ¿Qué más tengo que hacer?

Algo por el estilo cuando intentamos pensar nuestra forma de ser.

Comprender la mecánica y el funcionamiento de las cosas siempre es divertido. ¿Quién no disfruta con esto para los que lo hacemos? Si somos verdaderamente abiertos de mente y estamos en el camino espiritual, como podríamos llamarlo, o si estamos verdaderamente en el viaje hacia el interior o, aún más simple, si estamos verdaderamente en el viaje del descubrimiento, es en lo que todos inevitablemente nos adentramos y aventuramos, cómo hay tantos modos y modalidades, maneras y caminos diferentes. Es innumerable.

Siempre que estamos en nuestro amor, no importa lo grande o pequeño que sea, hay una vitalidad que late con vida. A medida que hacemos nuestro trabajo interior, aka afrontamos los retos honestamente lo mejor que humanamente podemos, entonces, esa presencia crece porque crece nuestra conciencia. Todo se expande, incluso nuestros corazones. Es sólo nuestra conciencia en el momento de ser incapaz de ver, procesar y entender. Está ahí, y a un nivel más profundo, lo sabes.

Así es la unidad con cada persona. Sólo es cuestión de que nos apoyemos en nuestro amor y elijamos el camino del amor, sea lo que sea lo que eso signifique para nosotros. Eso es subjetivo para todos nosotros, pues todos tenemos diferentes lecciones de vida y de alma. En el corazón, ¿permitimos que entre el amor o no? Eso es todo, lo que puede aplicarse y significar tantas cosas y escenarios diferentes en la vida, el trabajo, uno mismo, todo.

El verdadero honor a uno mismo, al alma y al amor lleva consigo tanto la suavidad como la fuerza del propio ser y va más allá de la necesidad de guardar o mantener las apariencias, sino que libera todas las apariencias. Este es el significado de la libertad de ser. Porque cuando se está enamorado, nada más importa; al mismo tiempo, todo importa. Esa es la danza de lo divino, ver la belleza que brilla dentro de ti y de toda la vida misma y darte cuenta de que no hay separación, porque somos uno. Como parte de este grande, lo eres. Lo eres. Lo eres de forma exquisita. Como todo en esta vida.

Das el siguiente paso hacia la eternidad por y a través de tu ensoñación incondicional y reverencia por la vida, tu vida y, por tanto, toda la vida. Simplemente, tu amor. Esa es la puerta.

Estás ahí. Ya estás ahí. Ya estamos todos allí.

La realidad es que todos somos guiados sin medida sólo todo el tiempo con cada respiración y cada paso, especialmente cuando elegimos el camino amoroso. Entonces se acaba antes de que haya empezado, y tú estás allí multiplicado por mil.

Con la energía del amor, a medida que la abrazamos y la permitimos, la mecánica se cuida sola. Aunque sigue siendo interesante, no hay nada más grande que el amor. Porque ya sabes, todo es como debe ser, y todo tiene su momento cuando es el momento. Hay un tiempo divino para todas las cosas, y cómo todo sirve. Porque hay un orden divino en toda la vida.

Cuando hay amor, todo se vuelve inevitable.

Estás ahí. Estás completo. Tú eres amor.

Y el amor es simplemente caminar por el jardín de todos los cielos y la tierra, disfrutando de lo que significa vivir y cobrar vida, oliendo todas las bonitas flores y saltando piedras por el camino. Sí. Sencillamente, qué bendición todos los días.

Así pues, el verdadero significado de la espiritualidad es el amor.

La verdadera naturaleza de la espiritualidad es dar amor.

La verdadera alegría de la espiritualidad es ser amor.

La verdadera espiritualidad es una verdadera toma de vida, porque no es lo que haces; es lo que eres. Lo que significa vivir la vida de tus sueños en tus términos y, sobre todo, en tu corazón como el tú que eres. Amor desatado.

Se trata de un verdadero retorno al amor y de liberar tu amor. A todos los niveles y en todos los frentes. Dentro y fuera.

La espiritualidad a menudo es conocida por una cosa u otra, que van desde diversas tácticas y técnicas sobre cómo manifestar esto o meditar así, y sin embargo, qué raro es escuchar discusiones sobre el amor y la importancia del amor.

Muchas personas de la comunidad espiritual y científica destacan la importancia de la meditación por muchas razones, todas ellas ciertas. Sin embargo, más allá de todo esto, no olvidemos este componente principal crucial en el corazón de todo: la razón detrás de la razón detrás de la razón de y para todo.

El amor es la meditación más pura que inicia la renovación de todo lo que es. Cuando abrimos nuestro corazón, ya está ahí, todo lo que puedas desear, soñar y más.

Eres tú.

Sí. Este gran amor que has estado buscando eres tú.

Tú en tu cuerpo, mente, corazón y alma, completamente despierto, completamente vivo y completamente entero.

Junto con todo lo que es como todo lo que es, está contigo ahora.

Juntos como uno solo.

Por tu alegría y tu éxtasis.

Con amor,

Jane

Epilogo

Querido lector,

Ante todo, quiero expresar mi más profunda gratitud por haber elegido mi libro e invertido tu tiempo en él. El mero hecho de que te hayas identificado con su título y su contenido me llena de inmensa gratitud y alegría. Escribir este libro ha sido un esfuerzo de pasión, introspección y un profundo anhelo de compartir los conocimientos y la sabiduría que he acumulado en mi propio viaje. Mi mayor aspiración siempre ha sido proporcionar un faro de luz y guía a quienes emprenden el camino transformador hacia la conciencia superior.

Espero sinceramente que al hojear sus páginas hayas encontrado el aliento y la motivación que buscabas. Tanto si ha despertado una nueva curiosidad como si ha reforzado sus creencias o simplemente le ha servido de compañía en momentos de contemplación, mi deseo es que haya enriquecido su vida de alguna manera significativa.

Los comentarios de lectores como tú son el alma de los autores. It helps us grow, refine our craft, and, more importantly, understand the impact of our words on the hearts and minds of our readers. Me sentiría profundamente honrada si pudieras dedicar un momento a compartir tus pensamientos y reflexiones en Amazon y Goodreads. Una reseña honesta no sólo me ayuda en mi camino como autora, sino que también ayuda a otros buscadores a descubrir el libro y a beneficiarse potencialmente de su contenido. Una vez más, gracias desde lo más profundo de mi corazón. Que tu camino se ilumine con sabiduría, comprensión y las maravillas ilimitadas de la conciencia superior.

Cordialmente,

Jane

Sobre La Autora

 La Dra. Jane Yu es Doctora en Farmacia por la prestigiosa Universidad de St. John. Desde muy joven albergó la profunda aspiración de convertirse en autora y compartir su visión a través de la creación artística. Este sueño cristalizó con la publicación de su primer libro, *Viaje al despertar y a la conciencia superior*. El trabajo de Jane es un testimonio de sus tres pasiones: la escritura elocuente, la expresión creativa intrincada y una espiritualidad profundamente arraigada que se demuestra en su vida y a través de su blog llamado *Soul Secrets* (Secretos del alma), donde habla de la esperanza, el amor, la vida y la belleza de todo ello; desde nuestra humanidad hasta nuestra divinidad, pasando por la gracia que guía nuestra vida. Sus esfuerzos tienden puentes entre lo empírico y lo etéreo y resuenan tanto entre los lectores como entre los aficionados al arte.

CONÉCTESE CON JANE

Si desea explorar una comprensión más profunda, chateemos.

Puede ponerse en contacto conmigo en: www.janekimyu.com

Sígame en las redes sociales

X (anteriormente Twitter): @janekimyu

Instagram: @janekimyu

YouTube: @janekimyu

www.ingramcontent.com/pod-product-compliance
Lightning Source LLC
LaVergne TN
LVHW051547070426
835507LV00021B/2458